TOEIC® L&Rテスト
Part 2
リスニング解体新書

アルク

「Part 2 の問題は何と言っているかわからなくて苦手です。この前の試験では、呆然としている間に終わってしまいました。どう対策したらよいのでしょうか」—— これは、私が TOEIC 講座の講師として生徒さんからよく受けるご相談です。この本を手に取った皆さんの中にも、同じような悩みを持つ方が多くいるのではないでしょうか。

一見簡単そうな Part 2 ですが、難しく感じられるのには理由があります。

① **文が短い**　文が短いため、聞き落としが少しでもあると意味が取れず、正解を選べないことがあります。例えば、When で始まる疑問文で冒頭の「いつ」を聞き落とせば、ほぼリカバリーは不可能です。Part 2 は、正確に聞き取る能力とそれを理解するスピードが要求されるパートなのです。

② **多様な発音**　TOEIC テストのリスニングセクションには、アメリカ、カナダ、イギリス、オーストラリアの４カ国の発音による音声が採用されています。その中で、イギリスとオーストラリアの発音は、主としてアメリカやカナダの北米発音中心の教材を使って学習してきた人にとってはなじみがなく、難しく感じられることが多いようです。TOEIC テストの公開試験では、Part 2 の 25 問のうち 20 問前後で設問文か応答文のどちらかをイギリスかオーストラリアのナレーターが担当しており、影響は小さくありません。

③ **捻った応答**　直接的に質問に答えない応答が正解になる問題の難しさも、難化に拍車をかけています。特に、2016 年の問題形式変更以降はその傾向が顕著です。すべてを聞き取れて理解できても、「え、これが本当に正解なの？」と驚くような間接的で捻った応答があるほどです。

私が本書を執筆しようと思ったのは、自身も熱心な TOEIC 受験者であるベテラン編集者の方から「難化したと言われる Part2 にまつわる学習者の方々の悩みを解決できるような本を作りたい」と声をかけていただいたことがきっかけでした。Part 2 の対策に最も必要なことは何かと考えた末、まず受験者の方が抱える弱点を特定すること、そしてその弱点にパッチを当てる

ように強化ができる対策を考えることだという結論に至りました。

本書の最大の特長は、多くの学習者の方が抱える弱点を「見える化」している点です。日本と韓国で出版されている ETS 作成の問題のデータと、私が生徒さんから受けたフィードバックの両方を参考にして、Part 2 を苦手とする受験者の弱点を 8 つの「設問タイプ」と 10 の「誤答パターン」に分類しました。本書に収録している本番と同形式の計 200 問すべてにこの「設問タイプ」と「誤答パターン」のタグがついており、間違えた理由を簡単に把握できるようになっています。「誤答パターン」は、「イギリス・オーストラリアの発音」や「捻った応答」を含むさまざまな誤答の原因をカバーしており、TOEIC の学習を始めたばかりの方にも、学習を継続している中・上級レベルの方にも役立つようになっています。

もう一つの特長は、以下の 4 つの学習ステップです。弱点の診断とその補強、本番試験に向けた練習が自然にできるようになっています。

Step 1: 計 100 問の「診断テスト」に取り組み、弱点を診断
Step 2:「設問タイプ」と「誤答パターン」の解説と対策法を読む
Step 3: 診断テストで明らかになった弱点をドリルで補強する
Step 4: 仕上げに、本番の試験と同じ問題数（25 問）で構成される「確認テスト」4 回分に取り組む

本書の執筆にあたっては、多くの方々にお力添えをいただきました。特に、素晴らしいコラムを執筆してくださったヒロ前田先生、貴重なご意見をいただいた TOEIC 講師の皆さまにこの場を借りて感謝申し上げます。

本書で学習した皆さんが目標スコアを達成し、夢をかなえられるよう応援しています！

2023 年 4 月
勝山 庸子

TOEIC® L&Rテスト Part 2 リスニング解体新書

CONTENTS

本書の構成と使い方

本書には、TOEIC® L&R テストの中でも近年「難化した」と言われる Part 2 の対策だけをまとめています。多くの受験者が苦手とするポイントを 8 つの設問タイプと 10 の誤答パターンに分類し、その克服法を身につけていきます。

Step 1　診断テスト

1 セット 10 問の診断テストを 10 セット用意しています。音声を聞いて解答をマークし、解き終わったら次のページの解答欄に自分の解答を転記して、間違えた問題のタグを確認します。10 セット解き終えたら、p.31 の「診断テスト集計ページ」で全体のタグの数を集計すると、あなたの「弱点」がわかります。（詳しい取り組み方は p.10「診断テストの受け方」を参照）

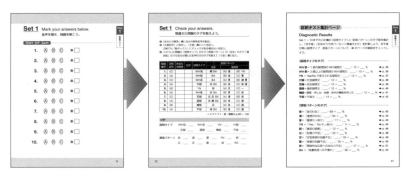

Step 2　弱点分析

8 つの設問タイプと 10 の誤答パターンについて詳しく解説しています。診断テストでわかった弱点（自分が間違えやすい設問タイプと陥りやすい誤答パターン）についての解説を読み、原因とその克服方法を確認します。診断テストで実際に解いた問題が例題として使われていますので、不正解だった問題は解説もしっかり確認しましょう。

Step 3　弱点克服ドリル

弱点を克服するためのドリルに取り組みます。設問文の聞き取りのポイント、選択肢に仕掛けられているわなの回避方法など、Step 2 で学習したことを思い出しながら取り組みましょう。

Step 4 確認テスト

TOEIC® L&R テストの本番と同じ、25 問 1 セットのテストを 4 セット用意しています。音声を聞いて解答をマークし、解き終わったら次のページの解答欄に自分の解答を転記して、正誤を確認します。弱点が克服できていれば、診断テストよりも正答率が上がっているはずです。（詳しい取り組み方は p.88「確認テストの受け方」を参照）

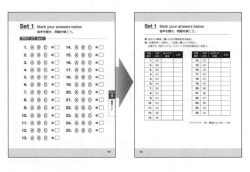

診断テスト／確認テスト 解答・解説

最後に診断テストと確認テストの解答・解説があります。1 問ごとに聞ける音声も用意していますので、正解できなかった問題は解説をしっかり読み、音声を繰り返し聞いて復習をしましょう。すべての問題に設問タイプと誤答パターンのタグも付いているので、Step 1 で発見した弱点がまだ克服できていないと感じたら、Step 2、Step 3 に戻って確認とトレーニングを繰り返しましょう。

トラック名の見方

音声データをご利用いただけるテスト、ドリルには以下のようなトラック名の表示があります。

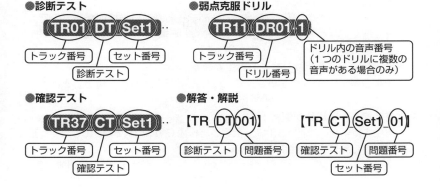

本書の音声について

本書のすべての音声データを無料でダウンロードしていただけます。

PCで音声をダウンロードする

以下のURLでダウンロードセンターにアクセスの上、画面の指示に従って音声ファイルをダウンロードしてください。ダウンロードセンターで本書を探す場合には、書籍名あるいは商品コード（7022022）で検索してください。

　URL: https://portal-dlc.alc.co.jp

スマートフォンで音声をダウンロードする

①下のURLあるいはQRコードから英語学習アプリ「booco」をインストールします。（無料）
②boocoのホーム画面下の「さがす」をタップし、書籍名あるいは商品コード（7022022）で本書を検索し、音声ファイルをダウンロードしてください。boocoでそのまま音声を聞くこともできます（詳しくは下記）。

　URL: https://booco.page.link/4zHd

> QRコードを読み取って
> boocoをインストールしよう！

英語学習アプリ booco でできること

●**本書の音声をスマホで聞ける！**
　PCがなくても、スマホ1台で本書のすべての音声を聞くことができます。

●**再生スピードを調節できる！**
　再生スピードを0.5倍〜2.0倍まで調節できる話速変換機能があるので、聞き取れなかったところをゆっくり聞く、耳慣らしのために速い音声を聞く、といったトレーニングができます。

●**聞きたいところだけリピート再生できる**
　音声のA地点、B地点を指定して、AB間の音声をくり返し再生できます。ディクテーションなどに便利です。

●**巻き戻し・早送りが便利！**
　再生中にボタンを押すだけで、指定した秒数（2秒、4秒、8秒、16秒、30秒）での巻き戻しや早送りができます。

※2023年3月時点の情報です

Step 1

診断テスト
Diagnostic Tests

まずは10問×10セット=100問を解いて、
あなたが苦手な設問タイプと、引っ掛かり
やすい誤答パターンを見つけ出そう。

診断テストの受け方 ･･･････････････････････････････

診断テストは 10 問× 10 セットで構成されている。
セットごとに、解答用マークシート（表）、正誤確認・弱点記録シート（裏）
がある。

① **問題を解く**　ダウンロード音声の指定ト
ラックを再生しよう。
10 問連続で問題を解き、解答をマークシー
トに記入しよう。
自信をもって答えられなかった（勘で解い
た）問題については、「勘ボックス」に「✓」をつけておこう。

トラック　　　　　勘ボックス

TR01_DT_Set1

1.　Ⓐ　Ⓑ　Ⓒ　　勘 ✓

② ─────

問題番号	正解記号	あなたの解答	正誤	設問タイプ	誤答パターン		
					全体	選択肢	
1.	(C)	B	×	WH短	難 BA	(A) 連	(B) YN
2.	(A)	A	○	WH短	難	(B) 音	(C) 冒
3.	(C)	B	△	WH長	─	(A) 冒	(B) 連

─── ③

─── ④

小計				
設問タイプ	WH短：＿１＿	WH長：＿１＿	YN：＿＿	付疑：＿＿
	否疑：＿＿	選疑：＿＿	機能：＿＿	平叙：＿＿

誤答パターン	音：＿１＿	連：＿＿	冒：＿１＿	YN：＿１＿	誤：＿＿
	忘：＿＿	定：＿１＿	難：＿１＿	捻：＿＿	BA：＿１＿

② **解答を転記し、正誤を確認する**　10 問解き終わったら、裏ページの解答欄に
自分の解答を転記しよう。
正解記号と照らし合わせ、「正誤」欄に○×を記入する。
正解していても「勘ボックス」にチェックが入っていた場合は△を記入する。

③ **苦手な設問タイプの数を数える**　×のついた問題の「設問タイプ」タグを確
認し、その数を「小計」欄に記入。
厳しめに判定したい人は△の数も加える。

④ **誤答パターンの数を数える**　×のついた問題の「誤答パターン」欄を確認。
「全体」のタグと、「選択肢」の中で自分が選んだ選択肢に記載されたタグを確認
し、その数を「小計」欄に記入。

⑤ **10 セット分のタグの数を合計する**　10 セット解き終えたら、小計欄のタグ
の数を合計し、p.31 の「集計ページ」に記入する。この数が多い項目が、あな
たの苦手な設問タイプ／引っ掛かりやすい誤答パターンだ。

さっそく診断開始！

Set 1 Mark your answers below.

音声を聞き、問題を解こう。

TR01_DT_Set1 ·····································

1.　Ⓐ　Ⓑ　Ⓒ　　勘 ☐

2.　Ⓐ　Ⓑ　Ⓒ　　勘 ☐

3.　Ⓐ　Ⓑ　Ⓒ　　勘 ☐

4.　Ⓐ　Ⓑ　Ⓒ　　勘 ☐

5.　Ⓐ　Ⓑ　Ⓒ　　勘 ☐

6.　Ⓐ　Ⓑ　Ⓒ　　勘 ☐

7.　Ⓐ　Ⓑ　Ⓒ　　勘 ☐

8.　Ⓐ　Ⓑ　Ⓒ　　勘 ☐

9.　Ⓐ　Ⓑ　Ⓒ　　勘 ☐

10.　Ⓐ　Ⓑ　Ⓒ　　勘 ☐

Set 1 Check your answers.

間違えた問題のタグを数えよう。

❶ 「あなたの解答」欄に自分の解答記号を転記。

❷ 「正解記号」と照合し、「正誤」欄に○×を記入。
　正解でも「勘ボックス」にチェックがある場合は△を記入。

❸ ×のついた問題の「設問タイプ」のタグ、「誤答パターン」の「全体」のタグ、「選択肢」のうち自分が選んだ記号の方のタグを数えて「小計」欄に記入。

問題番号	正解記号	あなたの解答	正誤	設問タイプ	誤答パターン		
					全体	選択肢	
1.	(C)			WH短	難 BA	(A) 連	(B) YN
2.	(A)			WH短	BA	(B) 音	(C) 冒
3.	(C)			WH長	BA	(A) 冒	(B) 連 冒
4.	(A)			付疑	忘 BA	(B) 音	(C) 音 連
5.	(B)			YN	捻	(A) 定	(C) —
6.	(A)			WH長	定 BA	(B) 冒	(C) 音
7.	(C)			否疑	忘 定 BA	(A) 連	(B) 音
8.	(A)			選疑	忘 難 BA	(B) 音	(C) 連
9.	(B)			機能	忘	(A) 音	(C) 連
10.	(A)			平叙	捻 BA	(B) 音	(C) 連

→スクリプト・訳・解説はp.98 ～ 102

小計

設問タイプ　　WH短：____　　WH長：____　　YN：____　　付疑：____

　　　　　　　否疑：____　　選疑：____　　機能：____　　平叙：____

誤答パターン　音：____　　連：____　　冒：____　　YN：____　　誤：____

　　　　　　　忘：____　　定：____　　難：____　　捻：____　　BA：____

Set 2 Mark your answers below.

音声を聞き、問題を解こう。

TR02_DT_Set2

11. Ⓐ Ⓑ Ⓒ 勘 ☐

12. Ⓐ Ⓑ Ⓒ 勘 ☐

13. Ⓐ Ⓑ Ⓒ 勘 ☐

14. Ⓐ Ⓑ Ⓒ 勘 ☐

15. Ⓐ Ⓑ Ⓒ 勘 ☐

16. Ⓐ Ⓑ Ⓒ 勘 ☐

17. Ⓐ Ⓑ Ⓒ 勘 ☐

18. Ⓐ Ⓑ Ⓒ 勘 ☐

19. Ⓐ Ⓑ Ⓒ 勘 ☐

20. Ⓐ Ⓑ Ⓒ 勘 ☐

Set 2 Check your answers.
間違えた問題のタグを数えよう。

❶ 「あなたの解答」欄に自分の解答記号を転記。
❷ 「正解記号」と照合し、「正誤」欄に〇×を記入。
  正解でも「勘ボックス」にチェックがある場合は△を記入。
❸ ×のついた問題の「設問タイプ」のタグ、「誤答パターン」の「全体」のタグ、「選択肢」のうち自分が選んだ記号の方のタグを数えて「小計」欄に記入。

問題番号	正解記号	あなたの解答	正誤	設問タイプ	誤答パターン 全体	誤答パターン 選択肢	
11.	(C)			WH短	BA	(A) 連	(B) 連
12.	(C)			選疑	忘 定 BA	(A) 連	(B) 音
13.	(C)			YN	難 BA	(A) 音	(B) 連
14.	(B)			WH長	忘 BA	(A) 冒	(C) 音
15.	(C)			否疑	難 捻	(A) —	(B) 連
16.	(A)			付疑	捻 BA	(B) 音	(C) 連
17.	(B)			機能	難	(A) 誤	(C) 連
18.	(C)			WH短	BA	(A) 音 YN	(B) 冒
19.	(C)			付疑	捻 BA	(A) 連	(B) 音
20.	(B)			平叙	定 捻 BA	(A) 連	(C) 音

→スクリプト・訳・解説はp.103～106（**13.** はp.43、**16.** はp.38、**18.** はp.45）

小計

設問タイプ　　WH短：＿＿　　WH長：＿＿　　　YN：＿＿　　　付疑：＿＿

　　　　　　　否疑：＿＿　　　選疑：＿＿　　機能：＿＿　　　平叙：＿＿

誤答パターン　音：＿＿　　　連：＿＿　　　冒：＿＿　　YN：＿＿　　　誤：＿＿

　　　　　　　忘：＿＿　　　定：＿＿　　　難：＿＿　　　捻：＿＿　　BA：＿＿

Set 3 Mark your answers below.

音声を聞き、問題を解こう。

TR03_DT_Set3

21. (A) (B) (C) 勘 □

22. (A) (B) (C) 勘 □

23. (A) (B) (C) 勘 □

24. (A) (B) (C) 勘 □

25. (A) (B) (C) 勘 □

26. (A) (B) (C) 勘 □

27. (A) (B) (C) 勘 □

28. (A) (B) (C) 勘 □

29. (A) (B) (C) 勘 □

30. (A) (B) (C) 勘 □

Set 3 Check your answers.
間違えた問題のタグを数えよう。

❶「あなたの解答」欄に自分の解答記号を転記。
❷「正解記号」と照合し、「正誤」欄に○×を記入。
正解でも「勘ボックス」にチェックがある場合は△を記入。
❸ ×のついた問題の「設問タイプ」のタグ、「誤答パターン」の「全体」のタグ、「選択肢」のうち自分が選んだ記号の方のタグを数えて「小計」欄に記入。

問題番号	正解記号	あなたの解答	正誤	設問タイプ	誤答パターン		
					全体	選択肢	
21.	(C)			WH短	難 捻 BA	(A) 冒	(B) YN
22.	(C)			WH長	定 難 BA	(A) 連	(B) 連 YN
23.	(B)			WH長	捻 BA	(A) 冒	(C) YN
24.	(C)			付疑	難	(A) 連	(B) 連
25.	(A)			YN	難 BA	(B) 音	(C) 連
26.	(A)			付疑	難 BA	(B) 連	(C) 音
27.	(B)			選疑	忘 BA	(A) —	(C) 連
28.	(C)			機能	誤 定 BA	(A) 連	(B) 連
29.	(B)			否疑	捻 BA	(A) 連	(C) 連
30.	(A)			平叙	難 捻	(B) 音	(C) 連

→スクリプト・訳・解説はp.106 ～ 110（**21.** はp.35、**22.** はp.51、**23.** はp.53）

小計

設問タイプ　WH短：____　WH長：____　YN：____　付疑：____
否疑：____　選疑：____　機能：____　平叙：____

誤答パターン　音：____　連：____　冒：____　YN：____　誤：____
忘：____　定：____　難：____　捻：____　BA：____

Set 4 Mark your answers below.

音声を聞き、問題を解こう。

TR04_DT_Set4 ··

31. Ⓐ Ⓑ Ⓒ   勘 ☐

32. Ⓐ Ⓑ Ⓒ   勘 ☐

33. Ⓐ Ⓑ Ⓒ   勘 ☐

34. Ⓐ Ⓑ Ⓒ   勘 ☐

35. Ⓐ Ⓑ Ⓒ   勘 ☐

36. Ⓐ Ⓑ Ⓒ   勘 ☐

37. Ⓐ Ⓑ Ⓒ   勘 ☐

38. Ⓐ Ⓑ Ⓒ   勘 ☐

39. Ⓐ Ⓑ Ⓒ   勘 ☐

40. Ⓐ Ⓑ Ⓒ   勘 ☐

Set 4 Check your answers.
間違えた問題のタグを数えよう。

❶ 「あなたの解答」欄に自分の解答記号を転記。
❷ 「正解記号」と照合し、「正誤」欄に○×を記入。
　 正解でも「勘ボックス」にチェックがある場合は△を記入。
❸ ×のついた問題の「設問タイプ」のタグ、「誤答パターン」の「全体」のタグ、「選択肢」のうち自分が選んだ記号の方のタグを数えて「小計」欄に記入。

問題番号	正解記号	あなたの解答	正誤	設問タイプ	誤答パターン			
					全体	選択肢		
31.	(B)			WH短	難 BA	(A) 音		(C) 冒
32.	(A)			WH長	難 BA	(B) 音 冒		(C) 音
33.	(C)			YN	難 BA	(A) 音		(B) 連
34.	(A)			否疑	誤 定 捻 BA	(B) 冒		(C) 音
35.	(B)			付疑	難 BA	(A) 音		(C) 連
36.	(A)			選疑	忘	(B) ―		(C) 連
37.	(A)			機能	忘 BA	(B) 連		(C) 連
38.	(C)			WH長	難 捻	(A) YN		(B) 連
39.	(B)			平叙	定 捻 BA	(A) 連		(C) 連 定
40.	(C)			平叙	定 捻 BA	(A) 音		(B) 連

→スクリプト・訳・解説は p.110 ～ 113（**32.** は p.36、**34.** は p.39、**36.** は p.48、**39.** は p.42）

小計

設問タイプ　　WH短：____　　WH長：____　　YN：____　　付疑：____

　　　　　　　否疑：____　　　選疑：____　　機能：____　　平叙：____

誤答パターン　音：____　　連：____　　冒：____　　YN：____　　誤：____

　　　　　　　忘：____　　定：____　　難：____　　捻：____　　BA：____

Set 5 Mark your answers below.

音声を聞き、問題を解こう。

TR05_DT_Set5

41. Ⓐ Ⓑ Ⓒ   勘 ☐

42. Ⓐ Ⓑ Ⓒ   勘 ☐

43. Ⓐ Ⓑ Ⓒ   勘 ☐

44. Ⓐ Ⓑ Ⓒ   勘 ☐

45. Ⓐ Ⓑ Ⓒ   勘 ☐

46. Ⓐ Ⓑ Ⓒ   勘 ☐

47. Ⓐ Ⓑ Ⓒ   勘 ☐

48. Ⓐ Ⓑ Ⓒ   勘 ☐

49. Ⓐ Ⓑ Ⓒ   勘 ☐

50. Ⓐ Ⓑ Ⓒ   勘 ☐

Set 5 Check your answers.
間違えた問題のタグを数えよう。

❶「あなたの解答」欄に自分の解答記号を転記。

❷「正解記号」と照合し、「正誤」欄に○×を記入。
　正解でも「勘ボックス」にチェックがある場合は△を記入。

❸ ×のついた問題の「設問タイプ」のタグ、「誤答パターン」の「全体」のタグ、「選択肢」のうち自分が選んだ記号の方のタグを数えて「小計」欄に記入。

問題番号	正解記号	あなたの解答	正誤	設問タイプ	誤答パターン		
					全体	選択肢	
41.	(B)			WH短	難	(A) 音	(C) 連
42.	(B)			WH長	捻 BA	(A) 音 冒	(C) 音
43.	(C)			YN	難 捻 BA	(A) 連	(B) 音
44.	(A)			機能	捻 BA	(B) 音	(C) 誤 定
45.	(C)			否疑	忘 難	(A) 音	(B) 音
46.	(B)			付疑	BA	(A) 音	(C) 連
47.	(A)			選疑	忘 定 BA	(B) 音	(C) 連
48.	(C)			機能	誤 捻 BA	(A) 連	(B) 音
49.	(A)			平叙	難 捻 BA	(B) 連	(C) 音
50.	(C)			平叙	忘 捻 BA	(A) 連	(B) 連

→スクリプト・訳・解説はp.113〜117（**47.** はp.49、**48.** はp.47）

小計

設問タイプ　　WH短：＿＿＿　　WH長：＿＿＿　　YN：＿＿＿　　付疑：＿＿＿

　　　　　　　否疑：＿＿＿　　選疑：＿＿＿　　機能：＿＿＿　　平叙：＿＿＿

- -

誤答パターン　音：＿＿＿　　連：＿＿＿　　冒：＿＿＿　　YN：＿＿＿　　誤：＿＿＿

　　　　　　　忘：＿＿＿　　定：＿＿＿　　難：＿＿＿　　捻：＿＿＿　　BA：＿＿＿

Set 6 Mark your answers below.

音声を聞き、問題を解こう。

51. Ⓐ Ⓑ Ⓒ　勘 ☐

52. Ⓐ Ⓑ Ⓒ　勘 ☐

53. Ⓐ Ⓑ Ⓒ　勘 ☐

54. Ⓐ Ⓑ Ⓒ　勘 ☐

55. Ⓐ Ⓑ Ⓒ　勘 ☐

56. Ⓐ Ⓑ Ⓒ　勘 ☐

57. Ⓐ Ⓑ Ⓒ　勘 ☐

58. Ⓐ Ⓑ Ⓒ　勘 ☐

59. Ⓐ Ⓑ Ⓒ　勘 ☐

60. Ⓐ Ⓑ Ⓒ　勘 ☐

Set 6 Check your answers.

間違えた問題のタグを数えよう。

❶ 「あなたの解答」欄に自分の解答記号を転記。

❷ 「正解記号」と照合し、「正誤」欄に○×を記入。
正解でも「勘ボックス」にチェックがある場合は△を記入。

❸ ×のついた問題の「設問タイプ」のタグ、「誤答パターン」の「全体」のタグ、「選択肢」のうち自分が選んだ記号の方のタグを数えて「小計」欄に記入。

問題番号	正解記号	あなたの解答	正誤	設問タイプ	誤答パターン		
					全体	選択肢	
51.	(B)			WH短	定	(A) 連	(C) 連
52.	(A)			WH長	BA	(B) 音	(C) 冒 YN
53.	(B)			YN	定 捻 BA	(A) 音	(C) 連
54.	(A)			YN	定 BA	(B) 音	(C) ―
55.	(C)			否疑	忘 捻	(A) 連	(B) 連
56.	(A)			付疑	定 捻 BA	(B) 連	(C) 連
57.	(B)			選疑	忘 定 捻 BA	(A) 連	(C) 連
58.	(A)			機能	誤 捻 BA	(B) 連	(C) 音
59.	(B)			平叙	捻 BA	(A) 連	(C) 音 連
60.	(A)			平叙	捻 BA	(B) 音	(C) 連

→スクリプト・訳・解説はp.117 〜 120 (**53.** はp.37、**56.** はp.44、**58.** はp.41)

小計

設問タイプ　　WH短：＿＿＿　　WH長：＿＿＿　　YN：＿＿＿　　付疑：＿＿＿

　　　　　　　否疑：＿＿＿　　選疑：＿＿＿　　機能：＿＿＿　　平叙：＿＿＿

誤答パターン　音：＿＿＿　　連：＿＿＿　　冒：＿＿＿　　YN：＿＿＿　　誤：＿＿＿

　　　　　　　忘：＿＿＿　　定：＿＿＿　　難：＿＿＿　　捻：＿＿＿　　BA：＿＿＿

Set 7 Mark your answers below.

音声を聞き、問題を解こう。

TR07_DT_Set7

61. Ⓐ Ⓑ Ⓒ   勘 ☐

62. Ⓐ Ⓑ Ⓒ   勘 ☐

63. Ⓐ Ⓑ Ⓒ   勘 ☐

64. Ⓐ Ⓑ Ⓒ   勘 ☐

65. Ⓐ Ⓑ Ⓒ   勘 ☐

66. Ⓐ Ⓑ Ⓒ   勘 ☐

67. Ⓐ Ⓑ Ⓒ   勘 ☐

68. Ⓐ Ⓑ Ⓒ   勘 ☐

69. Ⓐ Ⓑ Ⓒ   勘 ☐

70. Ⓐ Ⓑ Ⓒ   勘 ☐

Set 7 Check your answers.

間違えた問題のタグを数えよう。

❶「あなたの解答」欄に自分の解答記号を転記。

❷「正解記号」と照合し、「正誤」欄に○×を記入。
正解でも「勘ボックス」にチェックがある場合は△を記入。

❸ ×のついた問題の「設問タイプ」のタグ、「誤答パターン」の「全体」のタグ、「選択肢」のうち自分が選んだ記号の方のタグを数えて「小計」欄に記入。

問題番号	正解記号	あなたの解答	正誤	設問タイプ	誤答パターン		
					全体	選択肢	
61.	(B)			WH短	難 BA	(A) 冒	(C) 音 YN
62.	(A)			WH長	忘 BA	(B) 冒	(C) 冒
63.	(B)			YN	BA	(A) —	(C) 連
64.	(C)			YN	難 BA	(A) 音	(B) 連
65.	(A)			否疑	BA	(B) —	(C) 音
66.	(B)			付疑	捻	(A) 連	(C) 連
67.	(A)			選疑	捻 BA	(B) 音	(C) 連
68.	(B)			機能	誤 定 捻 BA	(A) 音 連	(C) 連
69.	(C)			機能	誤 捻 BA	(A) 定	(B) 連
70.	(B)			平叙	捻	(A) 連	(C) 音

→スクリプト・訳・解説はp.121 ～ 124（**67.** はp.40、**69.** はp.52）

小計

設問タイプ　　WH短：____　　WH長：____　　YN：____　　付疑：____

　　　　　　　否疑：____　　選疑：____　　機能：____　　平叙：____

誤答パターン　音：____　　連：____　　冒：____　　YN：____　　誤：____

　　　　　　　忘：____　　定：____　　難：____　　捻：____　　BA：____

Set 8 Mark your answers below.

音声を聞き、問題を解こう。

TR08_DT_Set8

71. Ⓐ Ⓑ Ⓒ 勘 ☐

72. Ⓐ Ⓑ Ⓒ 勘 ☐

73. Ⓐ Ⓑ Ⓒ 勘 ☐

74. Ⓐ Ⓑ Ⓒ 勘 ☐

75. Ⓐ Ⓑ Ⓒ 勘 ☐

76. Ⓐ Ⓑ Ⓒ 勘 ☐

77. Ⓐ Ⓑ Ⓒ 勘 ☐

78. Ⓐ Ⓑ Ⓒ 勘 ☐

79. Ⓐ Ⓑ Ⓒ 勘 ☐

80. Ⓐ Ⓑ Ⓒ 勘 ☐

Set 8 Check your answers.
間違えた問題のタグを数えよう。

❶ 「あなたの解答」欄に自分の解答記号を転記。
❷ 「正解記号」と照合し、「正誤」欄に○×を記入。
　正解でも「勘ボックス」にチェックがある場合は△を記入。
❸ ×のついた問題の「設問タイプ」のタグ、「誤答パターン」の「全体」のタグ、「選択肢」のうち自分が選んだ記号の方のタグを数えて「小計」欄に記入。

問題番号	正解記号	あなたの解答	正誤	設問タイプ	誤答パターン		
					全体	選択肢	
71.	(C)			WH短	捻 BA	(A) 音	(B) 音
72.	(B)			WH長	定 捻 BA	(A) 連	(C) 音
73.	(B)			YN	忘 BA	(A) 連	(C) 連
74.	(C)			否疑	捻 BA	(A) 連	(B) 音
75.	(B)			付疑	忘	(A) 連	(C) 音
76.	(A)			選疑	忘 難 BA	(B) 連	(C) 誤
77.	(C)			選疑	捻 BA	(A) 連	(B) 音
78.	(A)			機能	誤 難 捻 BA	(B) 連	(C) 音
79.	(C)			YN	忘	(A) 音	(B) 音
80.	(C)			平叙	難 捻 BA	(A) 音	(B) 音

→スクリプト・訳・解説は p.125 ～ 129

小計

設問タイプ　　WH短：＿＿　　WH長：＿＿　　　YN：＿＿　　付疑：＿＿

　　　　　　　否疑：＿＿　　　選疑：＿＿　　機能：＿＿　　平叙：＿＿

- -

誤答パターン　音：＿＿　　連：＿＿　　冒：＿＿　　YN：＿＿　　誤：＿＿

　　　　　　　忘：＿＿　　定：＿＿　　難：＿＿　　捻：＿＿　　BA：＿＿

Set 9 Mark your answers below.

音声を聞き、問題を解こう。

TR09_DT_Set9

81. Ⓐ Ⓑ Ⓒ 勘 ☐

82. Ⓐ Ⓑ Ⓒ 勘 ☐

83. Ⓐ Ⓑ Ⓒ 勘 ☐

84. Ⓐ Ⓑ Ⓒ 勘 ☐

85. Ⓐ Ⓑ Ⓒ 勘 ☐

86. Ⓐ Ⓑ Ⓒ 勘 ☐

87. Ⓐ Ⓑ Ⓒ 勘 ☐

88. Ⓐ Ⓑ Ⓒ 勘 ☐

89. Ⓐ Ⓑ Ⓒ 勘 ☐

90. Ⓐ Ⓑ Ⓒ 勘 ☐

Set 9 Check your answers.

間違えた問題のタグを数えよう。

❶ 「あなたの解答」欄に自分の解答記号を転記。
❷ 「正解記号」と照合し、「正誤」欄に〇×を記入。
　正解でも「勘ボックス」にチェックがある場合は△を記入。
❸ ×のついた問題の「設問タイプ」のタグ、「誤答パターン」の「全体」のタグ、「選択肢」のうち自分が選んだ記号の方のタグを数えて「小計」欄に記入。

問題番号	正解記号	あなたの解答	正誤	設問タイプ	誤答パターン		
					全体	選択肢	
81.	(B)			WH短	難 BA	(A) 連	(C) YN
82.	(C)			WH長	定 BA	(A) YN	(B) 音
83.	(B)			否疑	BA	(A) 音	(C) 連
84.	(C)			否疑	捻 BA	(A) ―	(B) 連
85.	(A)			付疑	難 BA	(B) 音	(C) 連
86.	(B)			選疑	捻	(A) 定	(C) 連
87.	(B)			機能	定 BA	(A) ―	(C) 音
88.	(A)			YN	誤 定	(B) 連	(C) ―
89.	(C)			平叙	忘 捻 BA	(A) 連	(B) 音
90.	(A)			選疑	忘 BA	(B) 連	(C) 連

→スクリプト・訳・解説は p.130 ～ 134

小計

設問タイプ　WH短：____　WH長：____　YN：____　付疑：____

　　　　　　　否疑：____　選疑：____　機能：____　平叙：____

- - - - - - - - - -

誤答パターン　音：____　連：____　冒：____　YN：____　誤：____

　　　　　　　忘：____　定：____　難：____　捻：____　BA：____

Set 10 Mark your answers below.

音声を聞き、問題を解こう。

TR10_DT_Set10 ·······································

91. (A) (B) (C)   勘 ☐

92. (A) (B) (C)   勘 ☐

93. (A) (B) (C)   勘 ☐

94. (A) (B) (C)   勘 ☐

95. (A) (B) (C)   勘 ☐

96. (A) (B) (C)   勘 ☐

97. (A) (B) (C)   勘 ☐

98. (A) (B) (C)   勘 ☐

99. (A) (B) (C)   勘 ☐

100. (A) (B) (C)   勘 ☐

Set 10 Check your answers.

間違えた問題のタグを数えよう。

❶「あなたの解答」欄に自分の解答記号を転記。

❷「正解記号」と照合し、「正誤」欄に〇×を記入。
正解でも「勘ボックス」にチェックがある場合は△を記入。

❸ ×のついた問題の「設問タイプ」のタグ、「誤答パターン」の「全体」のタグ、「選択肢」のうち自分が選んだ記号の方のタグを数えて「小計」欄に記入。

問題番号	正解記号	あなたの解答	正誤	設問タイプ	誤答パターン 全体	誤答パターン 選択肢	
91.	(C)			WH短	難 BA	(A) 音 YN	(B) 冒
92.	(C)			WH長	捻	(A) 音	(B) 連
93.	(A)			否疑	定 BA	(B) 連	(C) 音
94.	(A)			否疑	定 捻 BA	(B) ─	(C) 音
95.	(B)			否疑	定 BA	(A) 連	(C) 連
96.	(B)			付疑	難 捻 BA	(A) 連	(C) 定
97.	(A)			選疑	忘 定 捻 BA	(B) 連	(C) 連
98.	(B)			機能	誤 定 難 捻	(A) 音	(C) 連
99.	(A)			機能	定 BA	(B) ─	(C) 連
100.	(A)			平叙	定 捻 BA	(B) 連	(C) ─

→スクリプト・訳・解説はp.135 〜 139

小計

設問タイプ　　　WH短：＿＿＿　　WH長：＿＿＿　　　YN：＿＿＿　　　付疑：＿＿＿

　　　　　　　　　否疑：＿＿＿　　　選疑：＿＿＿　　機能：＿＿＿　　平叙：＿＿＿

誤答パターン　音：＿＿＿　　連：＿＿＿　　冒：＿＿＿　　YN：＿＿＿　　誤：＿＿＿

　　　　　　　忘：＿＿＿　　定：＿＿＿　　難：＿＿＿　　捻：＿＿＿　　BA：＿＿＿

診断テスト集計ページ ·····

Diagnostic Results

Set 1 〜 10 までの小計欄の「設問タイプ」と「誤答パターン」のタグ数を集計し、「苦手度」（全体のうち何パーセント間違えたか）を計算しよう。苦手度が高い設問タイプ・誤答パターンについて、➡ のページの解説をチェックしよう。

【設問タイプのタグ】

WH 短 = 1 語の疑問詞の WH 疑問文：＿＿／ 12 ＝ ＿＿ %　　➡ p. 35
WH 長 = 2 語以上の疑問詞の WH 疑問文：＿＿／ 13 ＝ ＿＿ %　　➡ p. 36
YN = Yes/No で答えられる疑問文：＿＿／ 12 ＝ ＿＿ %　　➡ p. 37
付疑 = 付加疑問文：＿＿／ 12 ＝ ＿＿ %　　➡ p. 38
否疑 = 否定疑問文：＿＿／ 13 ＝ ＿＿ %　　➡ p. 39
選疑 = 選択疑問文：＿＿／ 12 ＝ ＿＿ %　　➡ p. 40
機能 = 提案・申し出・依頼・命令の機能を持つ文：＿＿／ 13 ＝ ＿＿ % ➡ p. 41
平叙 = 平叙文：＿＿／ 13 ＝ ＿＿ %　　➡ p. 42

【誤答パターンのタグ】

音 = 「音のわな」：＿＿／ 69 ＝ ＿＿ %　　➡ p. 43
連 = 「連想のわな」：＿＿／ 94 ＝ ＿＿ %　　➡ p. 44
冒 = 「冒頭引っ掛け」：＿＿／ 17 ＝ ＿＿ %　　➡ p. 45
YN = 「Yes／No 引っ掛け」：＿＿／ 11 ＝ ＿＿ %　　➡ p. 45
誤 = 「意図の誤解」：＿＿／ 12 ＝ ＿＿ %　　➡ p. 46
忘 = 「記憶力不足」：＿＿／ 22 ＝ ＿＿ %　　➡ p. 48
定 = 「定型表現の知識不足」：＿＿／ 33 ＝ ＿＿ %　　➡ p. 49
難 = 「単語の知識不足」：＿＿／ 30 ＝ ＿＿ %　　➡ p. 50
捻 = 「間接的な応答への対応力不足」：＿＿／ 47 ＝ ＿＿ %　　➡ p. 51
BA = 「英豪発音への不慣れ」：＿＿／ 80 ＝ ＿＿ %　　➡ p. 53

「スクリプトを見れば意味がわかるのに、音だけ聞くと何を言っているのかわからない」という経験はありませんか。これは、私たちが「この語句はこう発音される」と思っている音と、「ネイティブの実際の発音」の間にずれがあることが原因の場合が多いのです。特に音変化（2 つの単語が続けて発音されるときに、音がつながったり、消えたりする現象）が起こる場合、そのずれが大きくなります。Part 2 の音声を使って実際の発音を耳に叩き込むのに特に適したトレーニングを 2 つご紹介しましょう。

ディクテーション（書き取り）

細部に注意を払って音を聞く練習。聞き取れていない箇所を確認できます。
① 音楽アプリなどのリピート機能を使い、一つの英文の音を何度も繰り返し聞いて書き取る。聞き取れない音はカタカナで書いておく。
② スクリプトを見て、聞き取れなかった部分を確認する。カタカナで書いたところには、音変化で聞き取れなかった、知らない語句があった、といった弱点が潜んでいる可能性が高い。

リピーティング

音声を聞き、それを忠実に再現して発話する練習。正しい発音で練習することで、誤った発音の知識を上書きしていきます。
① スクリプトを見て、文の意味を確認しておく。
② 音声を流し、一文が終わったところで音声を止める。速いと感じたら0.75 倍速で再生しよう。
③ リズムとイントネーション、発音を忠実に真似して発話する。一文をまとめて発話することで、設問文の内容を覚えるトレーニングにもなる。

ディクテーションで聞き取れなかった部分を重点的にリピーティングすると、さらに効果的です。また、イギリスやオーストラリアのナレーターの音声を使ってトレーニングすればそのアクセントに慣れることができるので、苦手な方にはお勧めです。

Step 2

弱点分析

Diagnose Your
Weak Areas

診断テストで判明した、あなたが苦手な
設問タイプとハマりやすい誤答パターン
について知ろう。

設問タイプ・誤答パターンの定義 ‥‥‥‥‥‥‥‥

診断テストで用いられた設問タイプ・誤答パターンのタグの意味・定義を改めて確認しよう。

【設問タイプ】

1. **WH短**＝１語の短い疑問詞の WH 疑問文
2. **WH長**＝２語以上の長い疑問詞の WH 疑問文
3. **YN** ＝ Yes ／ No 疑問文
4. **付疑**＝付加疑問文
5. **否疑**＝否定疑問文
6. **選疑**＝選択疑問文
7. **機能**＝提案・申し出・依頼・命令の機能を持つ文
8. **平叙**＝平叙文

【誤答パターン】

1. **音**＝「音のわな」
   設問内の語と同じ音・似た音の語句を含む応答を選んでしまう。
2. **連**＝「連想のわな」
   設問内の語句から連想される内容の応答を選んでしまう。
3. **冒**＝「冒頭引っ掛け」
   設問冒頭の疑問詞を聞き逃し、違う疑問詞に対する応答を選んでしまう。
4. **YN** ＝「Yes ／ No 引っ掛け」
   WH 疑問文の設問に対し、Yes ／ No で始まる応答を選んでしまう。
5. **誤**＝「意図の誤解」
   主に機能文や否定疑問文の設問で、話者の意図をくみ取れず、ちぐはぐな応答を選んでしまう。
6. **忘**＝「記憶力不足」
   設問が長い・複雑なため、問われた内容を覚えておけず、勘で答えてしまう。
7. **定**＝「定型表現の知識不足」
   設問・応答中の定型表現の意味がわからない。
8. **難**＝「単語の知識不足」
   設問・応答中の単語の意味がわからない。
9. **捻**＝「間接的な応答への対応力不足」
   捻りがある間接的な応答の意味がわからない。
10. **BA** ＝「英豪発音への不慣れ」
    設問・応答中のイギリス・オーストラリア発音が聞き取れない。

■ 設問タイプ1.【WH短】1語の短い疑問詞のWH疑問文

5W1H（Where、When、Who、What、Why、How）のいずれかの疑問詞1語で始まる疑問文（WH疑問文）。**25問中8〜10問**出題される。最も基本的な疑問文だが、単純なだけに冒頭の疑問詞を聞き逃すと取り返しがつかない。意地が悪いことに、疑問詞を聞き間違えた人を引っ掛ける選択肢が周到に用意されており、まんまとわなにはまる受験者が後を絶たない。YesやNoで始まる選択肢が答えになることはないことにも注意したい。対策は、設問の冒頭に集中すること。

Step 2
弱点分析

例【TR_DT021】Set 3-21

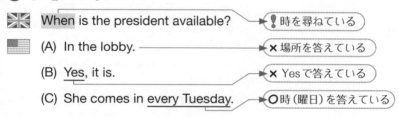

When is the president available? → ❗時を尋ねている

(A) In the lobby. → ✗場所を答えている

(B) Yes, it is. → ✗Yesで答えている

(C) She comes in every Tuesday. → 〇時（曜日）を答えている

（語注）available: 都合がつく、空きがある

（訳）社長はいつならご都合がいいですか？
(A) ロビーで。 (B) はい、そうです。 (C) 毎週火曜日に来ます。

正解 (C)

Whenで「社長の都合がつく（available）日」を尋ねられたのに対し、社長の出社日を伝えている(C)が自然な返答。ここでのcome inは「職場に来る」という意味。(A)は場所について答える選択肢で、WhenをWhereと聞き違えた人への冒頭引っ掛け。WH疑問文に対しYesやNoで答えることはできないので(B)は誤り。

誤答パターン：(A) 冒 (B) YN (C) 難 捻 BA

■ 設問タイプ2.【WH長】2語以上の長い疑問詞の WH疑問文

How long 〜、How many 〜、What time 〜など、5W1H疑問詞＋α（形容詞、副詞、名詞）で始まる疑問文。**25問中1〜2問**出題される。短いWH疑問文と同様、疑問詞＋αが聞き取れなければ正解できない。How often（頻度）、How many（数）、How long（時間、長さ）など、αに入る語によって問われていることは変わる。【WH短】と同様、Yes／Noを含む選択肢は誤り。

⑩【TR_DT032】Set 4-32

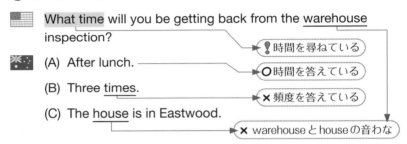

（語注）warehouse: 倉庫　inspection: 検査、点検

（訳）何時に倉庫の検査から戻りますか？

(A) 昼食後です。　(B) 3回です。　(C) その家は Eastwood にあります。

正解　(A)

What time で時間を問われ、「昼食後に」とだいたいの時間を答えている(A)であれば応答として成り立つ。(B)のThree times.「3回です」はHow many times 〜？に対する応答であり、timeは音わなにもなっている。(C)のhouseは設問中のwarehouseを利用した音のわな。

誤答パターン：(A) 難 BA　(B) 音 冒　(C) 音

36

■ 設問タイプ 3.【YN】Yes ／ No 疑問文

Yes か No で答えられる疑問文で、通常**25問中3 ～ 5問**出題される。最も多いのは助動詞の do（does、did）や have（has）、be 動詞（are、is）で始まる質問で、次に続く主語と音がつながり聞き取りづらい。そこに気を取られて文の後半の重要な情報を聞き逃してしまい、連想や音のわなを含む選択肢を選んでしまうケースが多い。Yes か No で答えず回答を保留したり、質問や依頼の前提を崩したりする応答が正解になることも多いので、Yes や No が聞こえてもすぐに飛びつかず、その後の内容の正誤を確認しよう。

Step 2 弱点分析

例 【TR_DT053】Set 6-53

🇬🇧 Do you have time to check the figures on my report?

🇦🇺 (A) Yes, we had a good time. → ✕ time を使った音わな

(B) Just a moment. → ○ 返事を保留している

(C) You can submit it by e-mail. → ✕ report → submit の連想わな

（語注）figure: 数字　report: 報告書　submit: ～を提出する

（訳）私の報告書の数字をチェックする時間はありますか？
(A) ええ、楽しい時間を過ごしました。　(B) ちょっと待ってください。
(C) メールで提出できます。

正解　(B)

「数字をチェックする時間があるか」と尋ねられ、「ちょっと待って」と伝えている (B) が正解。このように結論を保留するような応答は正解になりやすい。(A) は Yes に脊髄反射した人を引っ掛ける選択肢で、time の音わなも仕掛けられている。(C) は submit（～を提出する）を聞き取って「設問の報告書 (report) と関係があるかも！」と連想した人を引っ掛ける選択肢だ。

誤答パターン：(A) 音　(B) 定 捨 BA　(C) 連

■ 設問タイプ 4.【付疑】付加疑問文

平叙文の最後に ..., have you?（助動詞＋代名詞）、..., aren't there?（be動詞＋副詞）、..., right? などを加えることで、「〜ですね」「〜ではありませんね」と確認する文。**25問中1〜2問**出題される。平叙文の部分が長いこともあり、付加疑問が聞こえたところで慌ててしまい、何を問われたかが頭から飛んでしまうことがある。付加疑問自体にはたいした意味はないので、手前の情報に対して応答が成り立つかだけを考えて答えを選ぼう。

例 【TR_DT016】Set 2-16

There're a lot of hardware stores around here, aren't there?

(A) The one on Randall Street is the best. →（○ 暗に肯定）

(B) A round one. →（✕ around と A round の音わな）

(C) She's looking for a ladder. →（✕ hardware と ladder の連想わな）

(語注) hardware store: 金物屋　ladder: はしご

(訳) この辺りにはたくさんの金物屋がありますよね。
(A) Randall 通りの店が一番いいですよ。　(B) 丸いものです。
(C) 彼女ははしごを探しています。

(正解) (A)

設問文は「たくさん金物屋がありますよね」と確認する付加疑問文。「たくさんある」ことを前提とし、中でもお勧めの店を伝えることで暗に肯定している(A)が自然な応答。(B)のA roundはaroundの音のわな、(C)のladder（はしご）はhardware（金物）からの連想のわな。

誤答パターン：(A) 捻 BA　(B) 音　(C) 連

■ 設問タイプ5.【否疑】否定疑問文

助動詞やbe動詞にnotがついた短縮形から始まる形で、同意や確認を求める疑問文。話し手の驚きや非難の感情を表していることも多い。**25問中1〜3問**がこのタイプ。選択肢の引っ掛けパターンで最も多いのは連想わなだが、音わなも多い。否定疑問文に対してYes／Noを含む選択肢が正解になる問題は3割程度あるが、YesやNoの後に続く部分がかみ合わないことも多いので、Yes／Noは無視して後に続く部分に意識を集中するのが得策。

例【TR_DT034】Set 4-34

Aren't you supposed to be off duty today?

(A) I switched shifts with Lynn. ──▶ ○ 理由を説明

(B) Yes, there are. ──▶ × Are there との混同

(C) It's a duty-free shop. ──▶ × duty の音わな

(語注) off duty: 非番で、勤務時間外で　switch: 〜を交換する
duty-free: 免税の

(訳) 今日は非番ではないのですか？
(A) シフトをLynnと代わったんです。 (B) はい、あります。 (C) 免税店です。

(正解) (A)

設問は否定疑問文で、聞き手が出勤していることに対し、「あなたは非番ではないのか」と驚きを表しながら確認している。それに対して「シフトを交代した」と自分が出勤している理由を説明している(A)が正解。(B)は否定疑問文の冒頭を聞き間違えた人向けの引っ掛け。(C)はdutyが音のわな。dutyには「義務、関税」など複数の意味があるので注意。

誤答パターン：(A) 誤 定 捻 BA　(B) 冒　(C) 音

■ 設問タイプ **6.**【選疑】選択疑問文

選択疑問文はA or B?の形で「Aですか、Bですか」と問う疑問文。**25問中1～3問**出題される。設問文が長いのが特徴で、他の設問タイプと比較すると平均で語数が3～4語多い。そのため、質問の内容が理解できなかったり、忘れてしまったりすることが多い。正解の応答では素直にAかBを選ぶものもあるが、「AもBも選ばない」タイプの正解選択肢が4割前後と多いので要注意。また、WH疑問文と同様に、Yes／Noで始まる選択肢は誤りだ。

🔘 【TR_DT067】 Set 7-67

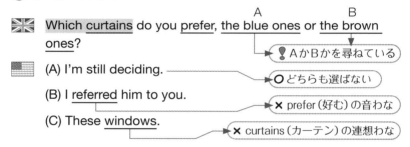

A
Which curtains do you prefer, the blue ones or the brown
B
ones?
→ 💡 AかBかを尋ねている

(A) I'm still deciding. → 〇 どちらも選ばない

(B) I referred him to you. → ✕ prefer（好む）の音わな

(C) These windows. → ✕ curtains（カーテン）の連想わな

(語注) prefer: ～を好む　refer: ～を紹介する

(訳) 青いカーテンと茶色のカーテン、どちらが良いですか？
(A) まだ決めているところです。　(B) 彼をあなたに紹介しました。　(C) こちらの窓です。

(正解) (A)

「青と茶色、どちらのカーテンが良いか」という問いに、どちらかを言わずに「まだ決めているところだ」と答えている(A)が正解。「まだ決まっていない」「わからない」はPart 2で正解になりやすい応答で、特に選択疑問文ではその傾向が強い。(B)のreferredはpreferの音わな。ただ、選択疑問文の設問では、設問中の語と同じ音の語を含む選択肢も当然正解になり得るので(p.43参照)、同じ音が聞こえたからといって誤答だと即断してはいけない。

誤答パターン：(A) 捻 BA　(B) 音　(C) 連

■ 設問タイプ 7.【機能】提案・申し出・依頼・命令の機能を持つ文

疑問文の形だが、質問ではなく、提案・申し出・依頼・命令などの機能を持つ文（機能文）。**25問中1～4問**出題される。冒頭の助動詞や疑問詞に代名詞が続くと、音が変化し、聞き取りづらくなる。そのため、選択肢の引っ掛けパターンとしては音わなが多い。また、疑問詞を聞いて質問だと誤解し、その応答になりそうな語を含む選択肢に飛びつくミスもよく起きる。例えばWhy don't we ~?（〜しませんか？＝提案）に対してBecauseで始まる選択肢を反射的に選んでしまうなどだ。

Step 2 弱点分析

例【TR_DT058】Set 6-58

🇨🇦 Would you mind parking <u>your</u> car around the <u>back</u>?

→ 💡 依頼している

🇬🇧 (A) Sorry, I missed the sign. ──→ ⭕ 誤りを認めて応じている

(B) The front is nice, too. ──→ ❌ back(後ろ)の連想わな

(C) Is that yours? ──→ ❌ youの音わな

語注 miss: 〜を見逃す

訳 車を裏に停めていただけませんか？

(A) すみません、看板を見落としていました。 (B) 前もいいですよ。 (C) それ、あなたの？

正解 (A)

Would you mind ~?「〜してくれませんか」という丁寧な依頼表現で、車を別の場所に移動するように頼んでいる。(A)はSorryと謝ってから「看板を見落とした」と、裏に駐車するべきだったのにそうしなかった理由を説明しており、会話が成立する。駐車すべきではないところに停めたことを前提とする捻った応答だ。(B)のfrontはbackの反義語で連想わな、(C)のyoursは音のわな。

誤答パターン：(A) 誤 捻 BA　(B) 連　(C) 音

■ 設問タイプ8.【平叙】平叙文

平叙文とは、意見や感想を述べたり情報を伝えたりする文で、**25問中3問前後**出題される。内容は「報告」と「問題や心配事の共有」が主で、前者は感想を述べたり質問したりする応答が、後者は解決策の提案が正解になることが多い。しかし、相手に特定の情報を求める疑問文とは違い、他にもさまざまな応答が考えられる。言葉の裏にある意図を想像する必要があり、そのためには話し手のトーンが重要なヒントになる。YesやNoで始まる選択肢は正解になる確率は低く、特にNoが正解になることはまれだ。

例 【TR_DT039】Set 4-39

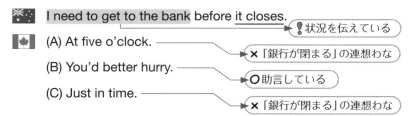

🔯 I need to get to the bank before it closes. → ❗状況を伝えている

🍁 (A) At five o'clock. ──→ ✕「銀行が閉まる」の連想わな

(B) You'd better hurry. ──→ ⭕助言している

(C) Just in time. ──→ ✕「銀行が閉まる」の連想わな

語注 had better: 〜したほうがよい　in time: 間に合って

訳 閉まる前に銀行に行かなければなりません。
(A) 5時にです。　(B) 急いだほうがいいですよ。　(C) ぎりぎり間に合いましたね。

正解 (B)

「閉まる前に銀行に行かなければ」と自分の状況を伝えている人に、「（それなら）急いだ方がよい」と同意しアドバイスしている(B)が自然な応答。(A)はbank（銀行）やcloses（閉店する）という単語だけ聞き取れた人を引っ掛ける連想わな。It's five o'clock.（5時ですよ）なら、現在の時刻もしくは銀行が閉まる時刻を伝えることになり正解になるが、At 〜 だけでは何の時刻かわからない。(C)も「銀行」と「時間」から連想される内容。Just in timeは定型表現なので覚えておきたい。

誤答パターン：(A) 連　(B) 定 捻 BA　(C) 連 定

■ 誤答パターン 1.【音】音のわな

選択肢が**設問文内の語句と同じ音、または似た音の語句を含んでいる**ため、会話がまったく成立しないにもかかわらず、選んでしまうパターン。**Part 2 の誤答選択肢の2割前後**が、この「音わな」を含んでいる。

例 【TR_DT013】Set 2-13

🇨🇦 Do they allow <u>dogs</u> in this <u>park</u>?

🇦🇺 (A) You can <u>park</u> anywhere. ────▶ ✕ park（公園、駐車する）の音わな

(B) It's popular with <u>families</u>. ────▶ ✕ park（公園）からの連想わな

(C) Not according to that sign. ──▶ ○ Noで答えている

(語注) allow: 〜が入るのを許可する　according to 〜: 〜によれば

(訳) この公園に犬を入れてもいいですか？
(A) どこにでも駐車できます。　(B) 家族連れに人気があります。
(C) あの看板によれば、だめです。

正解 (C)

設問はYesかNoで答えられる疑問文。(A)のpark（動詞の「駐車する」）と設問のpark（名詞の「公園」）は同音異義語で、頻出の音わな。(B)は設問中のdogs（犬）やpark（公園）から連想しそうなfamilies（家族）という語を含んでいる連想のわな（次項参照）。いずれも応答として成り立たない。(C)の冒頭のNotはThey do <u>not</u> allow「彼らは許していない」を省略した形。Noということなので、これが正解。

設問タイプ：YN　誤答パターン：(A) 音　(B) 連　(C) 難 BA

誤答回避対策

① **設問と同じ・似た音の語句が聞こえたらその選択肢は選ばない**

設問内の語句と音が同じ・似ている語句を含む選択肢はたいてい不正解。特に**Part 2の序盤（No.25 〜 35）ではその傾向が強い**。ただし設問が選

Step 2 弱点分析

択疑問文の場合は当てはまらないので注意（AかBかという問いの答えに
AやBが含まれることは自然）。

② **頻出の「音わな語句」を押さえておく**

音わなに使われる語は難しい語ではなく、TOEICの頻出語がほとんどだ。
確実に聞き取り、意味を理解すれば、わなを避けることができる。常連
の音わな語句を押さえ、文中で瞬時に意味がとれるようにしておこう。

→弱点克服ドリルは p.56

■ 誤答パターン 2.【連】連想のわな

選択肢が**設問文内の語句と関連がありそうな語句を含んでいる**ため、会話が
まったく成立しないにもかかわらず選んでしまうパターン。**Part 2の誤答選
択肢の4割弱**が、この「連想わな」を含んでいる。

例 【TR_DT056】Set 6-56　　　　　　　　　　　！この内容を確認している

John hasn't come back from his <u>vacation</u> yet, has he?

(A) Not that I know of. ────→ ○ Noで答えている

(B) During the <u>holidays</u>. ────→ ✗ vacation（休暇）からの連想わな

(C) To <u>Hawaii</u>. ────→ ✗ vacation（休暇）からの連想わな

訳 John はまだ休暇から戻ってきていませんよね？
(A) 私が知る限りでは戻っていません。　(B) 休暇の間に。　(C) Hawaii へ。

正解 (A)

「Johnはまだ戻ってきていませんよね」という確認の付加疑問文に対し、(A)
はNot that I know of.「私が知る限りでは（戻ってきていません）」と伝えて
おり、応答が成り立っている。Not that I know of.は定型表現なので覚え
ておきたい。(B)のholidaysと(C)のHawaiiはvacation（休暇）から連想さ
れやすい語を含む連想わなで、どちらも確認に対する答えになっていない。

設問タイプ：付疑　誤答パターン：(A) 定 捻 BA　(B) 連　(C) 連

誤答回避対策

① **応答が成り立つかどうかで判断する**

関係がありそうな単語を含んでいるというだけで選択肢を選ばない。単語しか聞き取れない場合に起こりやすいミスなので、徐々に長めのカタマリを聞き取れるようにトレーニングを重ねよう。

② **頻出単語の意味は確実に覚えておく**

単語の意味が瞬時に思い浮かばないと、関係がありそうな語句に吸い寄せられて連想わなにハマることがある。頻出単語の意味は特に確実に覚えておこう。

→弱点克服ドリルは p.59

Step
2
弱点分析

■ 誤答パターン 3.【冒】冒頭引っ掛け
■ 誤答パターン 4.【YN】Yes ／ No 引っ掛け

どちらも、設問文冒頭の疑問詞を聞き逃したり、聞き間違えたりした人がハマるわな。「冒頭引っ掛け」は、**疑問詞が問う内容と別の内容を答えている選択肢**。特に Where（場所）と When（時）の混同を狙う引っ掛けは多い。「Yes ／ No 引っ掛け」は **WH 疑問文に対して Yes や No で答えている選択肢**。音わなや連想わなを含んでいるとますます魅力的に聞こえてしまう。WH 疑問文は Part 2 最頻出の質問タイプなので、これらの引っ掛けの出現率も高い。

例 【TR_DT018】Set 2-18　　　　　　　　　　　(❗ 場所を尋ねている)

Where are the interns doing their orientation?

(A) No, it's Tim's turn. ──────→ (✗ interns の音わな)

(B) At ten A.M. ──────→ (✗ When（いつ）に対する応答)

(C) In one of the meeting rooms. ──────→ (⭕ 場所を答えている)

（訳） インターンはどこでオリエンテーションに参加しているのでしょうか？
(A) いいえ、Tim の番です。　(B) 午前 10 時に。　(C) 会議室の一つで。

正解 (C)

Whereの疑問文でインターン向けオリエンテーションの会場を尋ねられ、「会議室の一つで」と場所を伝えている(C)ならば会話が成り立つ。(A)はNoから始まっている上にturnとinternの音わなも含んでいる。(B) はWhereとWhenを聞き間違えた人を狙った冒頭引っ掛け。

設問タイプ：WH短　誤答パターン：(A) 音 YN　(B) 冒　(C) BA

誤答回避対策

① **冒頭に集中する**

冒頭の疑問詞を聞き逃してしまうと正解を選ぶことはほぼ不可能だ。前の問題の解答を迷っているうちに次の問題が始まってしまったり、ふと集中力が途切れたりしたときに聞き逃しやすい。問題番号が読まれたら気持ちを切り替え、冒頭だけは何があっても聞き逃さないという構えで挑もう。

② **WH疑問文でYes ／ Noが聞こえたら選ばない**

設問文が疑問詞で始まる疑問文であれば、YesやNoで始まる選択肢はほぼ100%不正解なので絶対に選ばないようにしよう。

③ **疑問詞とその後の音のつながりに慣れる**

集中していても聞き取れない場合は、疑問詞の発音が想像していた発音と異なっているために認識できていない可能性がある。特にwhenやwhereは後に続く語と結びつき音に変化が起きやすいので注意が必要。

■ 誤答パターン 5.【誤】意図の誤解

設問文が疑問文の形をしているが、質問ではなく、**提案、勧誘、依頼、命令などを意図している文（機能文）である場合に、その意図をくみ取れず、ち**ぐはぐな応答を選んでしまうパターン。とっさに意味が思い浮かばなかったり、音の変化についていけずに聞き取れなかったりすることが敗因だ。

例 【TR_DT048】Set 5-48

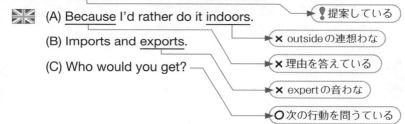

Why don't we invite an outside expert to talk at the meeting? → ❗提案している

(A) Because I'd rather do it indoors. → ✕ outsideの連想わな / ✕ 理由を答えている

(B) Imports and exports. → ✕ expertの音わな

(C) Who would you get? → ○ 次の行動を問うている

語注 expert: 専門家　import: 輸入　export: 輸出

訳 外部の専門家を招いて会議で話をしてもらいませんか？

(A) 室内でやりたいからです。 (B) 輸入と輸出です。 (C) 誰を呼びますか？

正解 (C)

設問のWhy don't we ~?は「～しませんか」という提案表現で、その提案に暗に同意し、「誰を呼ぶ？」と次の行動を問うている(C)が正解。Why（なぜ）を問われていると誤解した人は、Becauseで始まる(A)を選んでしまうだろう。(A)はoutside（屋外の）から連想できるindoors（屋内で）も含んでいる。(B)のexportsはexpertの音わな。

設問タイプ：機能　誤答パターン：(A) 連　(B) 音　(C) 誤 捻 BA

誤答回避対策

① **機能文の意味を覚える**

機能文の文頭は定型表現が多く、一語一語の意味を考えても理解できない。頻出の定型表現を覚えて、すぐに意味が頭に浮かぶようにしておこう。

② **音変化に慣れておく**

助動詞や前置詞、代名詞を含む機能文の文頭では音の変化が起こりやすい。文頭の4～5語をカタマリで聞き取れるようにしておこう。

→弱点克服ドリルは p.65

■ 誤答パターン 6.【忘】記憶力不足

設問文の内容を覚えておくことができず、答えを選べないパターン。特に**語数が多い選択疑問文**や、**構造が複雑な間接疑問文**で起きやすいミスだ。また、選択肢を聞いているうちに何が問われていたかを忘れることもある。

例 【TR_DT036】Set 4-36

Does your company have its own vehicles, or do you use a <u>shipping</u> company? ──▶❗ 長い選択疑問文

(A) We have ten trucks. ──▶ ⭕ 車種と台数＝前者を選択

(B) It takes a couple of days. ──▶ ✕ 所用時間を答えている

(C) We don't <u>ship</u> overseas. ──▶ ✕ shipping（輸送）の連想わな

語注 vehicle: 車　shipping company: 運送会社　a couple of 〜: いくつかの〜

訳 御社は自社で車両を持っていますか、それとも運送会社を使っていますか？ (A) トラックが 10 台あります。 (B) 2、3 日かかります。 (C) 海外には発送しません。

正解 (A)

設問は「自社で車両を持っているか、運送会社を使っているか」を尋ねる選択疑問文で、保有している車種と台数を答えることで前者であることを伝えている(B)が正解。vehicles（車）をより具体的なtrucks（トラック）と言い換えている。選択疑問文では設問文の語句の言い換え表現が鍵になることも多い。前半の内容を記憶しておけず後半のshippingに意識がいくと、運送にかかる時間を聞かれたと勘違いして(B)を選んだり、関連がありそうなshipやoverseasを含む(C)を選んだりしてしまう。

設問タイプ：選疑　誤答パターン：(A) 忘　(B) —　(C) 連

誤答回避対策

① 内容記憶トレーニングを行う

長めの設問では、頭の中でその内容を瞬時に短い日本語に圧縮するトレーニングが効果的。間接疑問文では、文の真ん中に登場する疑問詞が鍵になる。

② 典型的な正答パターンを覚えておく

「AかBか」を問う質問に対して、「どちらも選ばない」応答や間接的な応答が正解になることが多いので、頻出パターンは覚えてしまおう。

- どちらでもよい　Either (one) is fine with me. 私はどちらでも構いません。
- 相手の判断に任せる　Whichever you prefer. どちらでもあなたの好きな方で。

　　　　　　　　　　　It's up to you. 　　　　あなた次第です。

→弱点克服ドリルは p.69

■ 誤答パターン 7.【定】定型表現の知識不足

設問や選択肢に含まれる**定型表現（句動詞、イディオム、決まり文句、口語表現など）**が聞き取れない、意味がわからないことで正解を逃すパターン。

例 【TR_DT047】Set 5-47

Shall I lead tomorrow's orientation, or would you like to do it?

(A) Leave it to me.

(B) I've read it.

(C) A group of new employees.

> ！「あなたか私か」を問う選択疑問文
> O「私に任せて」と前者を選択
> ✕ lead（率いる）の音わな
> ✕ orientationの連想わな

(語注) lead: 指導役として〜を率いる

(訳) 明日のオリエンテーションは私が担当しましょうか、それともあなたがやりたいですか？

(A) 私に任せてください。 (B) それを読みました。 (C) 新入社員の集団です。

正解 (A)

どちらが明日のオリエンテーションを担当するかと問われ、「自分が行く」と伝えている (A) が適切。Leave it to me.（私に任せてください）という定型表現がわからないと正解が選べない問題。(B) の read は設問中の lead の音わな。(C) は orientation から連想される new employees（新入社員）が連想わなだ。

設問タイプ：選疑　誤答パターン：(A) 忘 定 BA　(B) 音　(C) 連

誤答回避対策

① **定型表現は確実に覚える**

頻出の定型表現は、単語は簡単なのに組み合わさると意味が推測できないものがほとんど。瞬時に意味が頭に浮かぶように覚えておこう。

② **カタマリで聞き取る**

定型表現には音の変化が起きやすい前置詞や冠詞を含むものが多く、文字を見て覚えただけではリスニングの問題に対処できない。定型表現全体を一つのカタマリとして音を覚えておけば、本番の試験でも聞き取りやすくなる。

→弱点克服ドリルは p.71

■ 誤答パターン 8.【難】単語の知識不足

Part 2 に登場する単語は他のパートと比べて易しいものが多いが、「見ればわかる」単語でも「聞いてすぐ意味が取れる」とは限らない。音変化が起きていたり、発音がつづりから想像できる音とかけ離れていたりすると理解が急に難しくなる。**一文が短いだけに、一語が聞き取れないと全体が理解できなくなる**場合もあるので油断は禁物。

例 【TR_DT022】 Set 3-22

> ↑ brochure の数を問うている

🇺🇸 How many brochures will you need for the sales event?

🇦🇺 (A) It was successful. —————→ ✕ event の連想わな

(B) Yes, we are on our way. —————→ ✕ event の連想わな

(C) A couple of hundred. —————→ ○ 数を答えている

語注 brochure: パンフレット、小冊子　be on one's way: 途中にいる

訳 販売会にパンフレットは何冊いりますか?
(A) 成功でした。　(B) はい、向かっているところです。　(C) 数百部です。

正解 (C)

brochures が何部必要かという質問に、「数百部」と数で答えている(C)が正解。brochure は「冊子、パンフレット、カタログ」などの意味で TOEIC 頻出語。北米発音だと [brouʃúər]、英豪発音だと [bráuʃə] となり、発音だけでなくアクセントの位置も違うので注意。正解の選択肢の A couple of ~ 「2、3の~、いくつかの~」も速く読まれると音がつながりとらえにくいので、そのかたまりで聞き取れるよう耳を慣らしておきたい。

設問タイプ: WH長　誤答パターン: (A) 連　(B) 連 YN　(C) 定 難 BA

誤答回避対策

Part 2 頻出の単語を整理しておく

Part 2 の話題は限られている。話題ごとに頻出のやや難しい単語を整理し、音を聞いて意味がすぐに思い浮かぶように覚えておこう。これらは他のパートでも出題されるので一挙両得だ。

→弱点克服ドリルは p.75

■ 誤答パターン 9.【捻】間接的な応答への対応力不足

「講演は何時からですか」に対し「10時です」と直接的に答えるのではなく、「知らない」「誰かに聞いて」と答えを避けたり「どの講演?」と聞き返したり

する、やや捻った応答が正解になることがある。近年さらに捻りがきつくなり、「講演は何時からですか」に対し「大丈夫、間に合いますよ」のような応答も出題される。これは「話者が講演に間に合うか心配している」という前提の上で成立する応答だが、その前提を瞬時にとらえるのは難しく、正解がないように感じることがある。8〜10問は出題されるのでトレーニングは必須。

例 【TR_DT069】Set 7-69 → ❗依頼している

🇬🇧 Do you mind giving me some help using this software?

🇺🇸 (A) Don't mention it. ──→ ✗ お礼に対する返答

(B) Bring it back later. ──→ ✗ ソフトを貸すときの応答

(C) I'm not very familiar with it, either. ──→ ⭕「詳しくない」と断っている

（訳） このソフトの使い方を教えていただけませんか？
(A) どういたしまして。 (B) 後で返しに来てください。 (C) 私もあまり詳しくないんですよ。

正解 (C)

Do you mind 〜 ?「〜していただけませんか」の丁寧な依頼表現で手伝いを頼まれ、「私も詳しくない（からできません）」と間接的に断っている(C)が正解。「知らない」という意味の応答はさまざまな問い掛けに対しての返答になり得る頻出応答パターンだ。(A)の Don't mention it. は「どういたしまして」という定型表現。(B)は giving me、software を聞いてソフトを貸し出す話だと思った人が選んでしまう選択肢だ。

設問タイプ：機能　誤答パターン：(A) 定　(B) 連　(C) 誤 捻 BA

誤答回避対策

① 頻出の捻り応答に慣れておく

間接的な応答の中にも定番パターンがあり、それを含む選択肢は正解になりやすい。「知りません」「まだ決まっていません」「確認します」「～に聞いてください」とその変形は特に頻出だ。音声を聞いてすぐに反応できるように意味を理解し音声を聞いて練習しよう。

② 消去法を活用する

質問・応答が完璧に理解できても正解を選べないと感じるほど捻った応答もある。その場合は消去法が非常に有効だ。明らかに正答になりえない選択肢を素早く確実に消去できるようにトレーニングしておくとよい。

→弱点克服ドリルは p.79

Step 2 弱点分析

■ 誤答パターン 10.【BA】英豪発音への不慣れ

主に北米発音で英語を学んできたため、英豪発音に慣れていない人が陥りがちなパターン。Part 2の25問中、**設問または選択肢に英豪発音を含む問題は、平均で19問前後**もある。発音記号ではそれほど違いがないはずでも、聞くとかなり違って聞こえることもある。特に長い設問、難しい単語を含む設問や選択肢でミスしがち。発話スピードが非常に速い、公開テストの英豪ナレーターに苦手意識を持つ人も多い。

例【TR_DT023】Set 3-23

What time is Mr. Kogure's keynote speech <u>scheduled</u>?　❗時刻を聞いている

(A) At the convention hall.　✕ Where に対する返答

(B) It was canceled at the last minute.　〇「中止になった」と答えている

(C) Yes, really impressive.　✕ 演説に対する感想

（訳） Kogure さんの基調演説は何時に予定されていますか？

(A) 会議場で。 (B) 直前にキャンセルされました。 (C) はい、とても素晴ら
しかったです。

（正解） (B)

基調演説の時間を尋ねられ、時間ではなく直前にキャンセルになった事実
を答えている(A)が正解。scheduleの英豪発音は[ʃédʒuːl]で、北米発音の
[skédʒuːl]とはかなり違って聞こえる。それ以外の部分でも、英豪発音は
北米発音とは母音や子音の響きが違って聞こえることがあるため、聞き取
りにくいと感じる人も多いだろう。

設問タイプ：WH長　誤答パターン：(A) 冒　(B) 捻 BA　(C) YN

対策：

① 頻出語句を英豪発音で耳に叩き込んでおく。

単語を覚える際は、米発音だけでなく英発音の音声もついているTOEIC
単語集を使う、電子辞書やオンライン辞書で発音を確認するなど、なる
べく両方のアクセントを聞くようにしよう。本書のドリルの一部でも英
米両方の音声を提供しているので活用してほしい。

② 普段から多く英豪発音に触れる

苦手意識が邪魔になっているだけの場合もある。映画やドラマ、ポッド
キャスト、動画サイトなどで日常的にイギリス・オーストラリア英語を
聞くように心がけ、耳を慣らしておこう。必要に応じてスピードを遅く
したり、英語字幕をつけたりすることができる素材を選ぶと効率がよい。

→弱点克服ドリルは p.82

Step 3

弱点克服ドリル

Overcome Your
Weak Areas

誤答パターンごとにトレーニングやドリルに
取り組み、弱点を克服しよう。

「同じ音」にはご用心

■誤答パターン1. 音のわな

設問文に含まれる語句と音が同じ、あるいはよく似ている語句が含まれる選択肢は不正解であることが多い。語句の正しい音と意味を知り、応答として明らかにかみ合わない選択肢を消去できれば、このわなは避けられる。

Drill 01 「音のわな」の頻出語をチェック

音のわなになりやすい単語の正しい音と意味を確認する。それぞれのセットについて、米発音→英発音→日本語訳という音声が流れるので、最初は音だけを聞き、次に下のリストを見ながらもう一度聞いてみよう。

1 音が同じ単語

TR11_DR01-1

hire / higher (動 ～を雇う/形 high 高い の比較級)
new / knew (形 新しい/動 know ～を知っている の過去形)
seen / scene (動 see ～を見る の過去分詞形/名 場面、光景)
sight / site (名 観光名所/名 現場、会場)
weather / whether (名 天候/接 ～かどうか)
charge (動 ～を充電する、～に請求する/名 料金、責任)
park (動 ～を駐車する/名 公園)
store (動 ～を保管する/名 店)
sort (動 ～を整頓する/名 種類)
turn (動 曲がる/名 順番)

2 音が似ている単語

TR12_DR01-2

accept / expect (動 ～を受け入れる/動 ～を見込む、～を予想する)
called / cord (動 call ～を呼ぶ、～に電話をかける の過去形/名 コード)
cancel / sell (動 ～をキャンセルする/動 ～を売る)

exhibit ／ exit (图 展示／動 〜を出る、图 出口)
lent ／ rent (動 lend 〜を貸す の過去形／動 〜を賃貸する、图 家賃)
quiet ／ quite (脳 静かな／副 かなり)
refer ／ prefer (動 〜を差し向ける（紹介する）／動 〜を好む)
supplies ／ surprise (图 supply 備品 の複数形／图 驚き)
view ／ review (图 景色、眺め／图 見直し、評価、動 〜を見直す)
walk ／ work (動 歩く／動 働く、動作する、うまくいく)

Drill 02 「どっちの単語？」クイズ

文の中で単語を聞き分けられるかチェックしよう。英文の音声を聞き、その
文に含まれている単語に○をつけて、カッコ内に意味を書こう。

Step 3 弱点克服ドリル

例：(音) When is the next shipment supposed to arrive?
　　　alive ／(arrive) (到着する)

TR13_DR02

1. rent ／ lent　　　　　　（　　　　　　　　）
2. surprise ／ supplies　（　　　　　　　　）
3. view ／ review　　　　（　　　　　　　　）
4. cancel ／ can sell　　（　　　　　　　　）
5. walk ／ work　　　　　（　　　　　　　　）
6. called ／ cord　　　　（　　　　　　　　）
7. exit ／ exhibit　　　　（　　　　　　　　）
8. quite ／ quiet　　　　（　　　　　　　　）
9. prefer ／ refer　　　　（　　　　　　　　）
10. accept ／ expect　　（　　　　　　　　）

Drill 02　解答とスクリプト

1. rent（家賃）
Why don't we ask for a <u>rent</u> reduction before we sign the contract?
契約を結ぶ前に、家賃の値下げをお願いしてみませんか？

2. supplies（備品）
Which store do you use for stationery <u>supplies</u>?
文房具の備品を買うのにどの店を使っていますか？

3. review（評価）
Did we get a good <u>review</u>, or were they unimpressed?
私たちは良い評価を得たのでしょうか、それともみんな感心していなかったでしょうか？

4. cancel（キャンセルする）
Why did you <u>cancel</u> your appointment?
なぜ予約をキャンセルしたのですか？

5. walk（歩く）
Are you planning to <u>walk</u> to the office, or do you need a ride?
今日はオフィスに歩いて行くつもりですか、それとも車で送りましょうか？

6. cord（コード）
We need a new electrical <u>cord</u> to set up this monitor.
このモニターを設置するには新しい電気コードが必要です。

7. exhibit（展示）
Where can I sign up for the guided tour of the <u>exhibit</u>?
どこで展示のガイドつきツアーに参加申し込みできますか？

8. quite（かなり）
The carrying capacity of this van is <u>quite</u> large, isn't it?
このバンの積載量はかなり大きいですよね？

9. prefer（好む）
Which curtains do you <u>prefer</u>, the blue ones or the brown ones?
青いカーテンと茶色のカーテン、どちらが良いですか？

10. expect（予想する）
Did you <u>expect</u> so many people to sign up for the course?
このコースにこんなに多くの人が申し込むと予想しましたか？

2. 魅力的な選択肢ほどよく吟味しよう

■誤答パターン2. 連想のわな

設問文の内容に関連のありそうな語句を含む選択肢は魅力的に聞こえるため、つい選んでしまいがちだ。よくある「連想のわな」のパターンを知り、応答としてかみ合わない選択肢を安易に選ばないようにしよう。

Drill 03 会話が成り立っているか確認しよう

設問と応答の音声を聞き、会話が成り立っているか判断しよう。成立するならカッコ内に○を、しないなら×を書こう。

Step 3
弱点克服ドリル

TR14_DR03

1. (　　　)

2. (　　　)

3. (　　　)

4. (　　　)

5. (　　　)

6. (　　　)

7. (　　　)

8. (　　　)

9. (　　　)

10. (　　　)

1. × 具体 (mobile phone) と抽象 (safety device)

This mobile phone needs a new battery.

この携帯電話には新しいバッテリーが必要です。

It's a safety device. 安全機器です。

2. × コンサートや公演 (ballet performance) とそれにまつわる物 (tickets)

Did you attend the ballet performance last night?

昨晩、バレエの公演に行きましたか？

I've got two tickets. チケットを2枚持っています。

3. × 場所 (convention center) とそこに特徴的な物事 (keynote speech)

Who will give the keynote speech this year?

今年は誰が基調演説を行うのですか？

At the convention center. 会議場で。

4. × 都市の名前 (New York と Paris)

I heard Ms. Yang will transfer to New York.

Yang さんは New York に転勤すると聞きました。

It's in Paris. それは Paris にあります。

5. ○ 道路や交通に関連する言葉 (traffic と road repair)

Why is the traffic heavy today? どうして今日は交通量が多いのでしょうか？

Because of the road repair project. 道路補修工事のためです。

6. × 反義語 (right と left)

You took the notes during the last meeting, right?

前回の会議の間にノートを取りましたよね？

The first door on the left. 左側の最初のドアです。

7. × オフィス機器・備品 (printer) とそれに関連する物 (documents)

Is anyone using this printer? 誰かこのプリンターを使っていますか？

I'll hand out the documents. 書類を配ります。

8. × 類義語 (tours と trip)

Do you offer any tours? ツアーは行っていますか？

Jaren is on a business trip. Jaren は出張中です。

設問文の冒頭を聞き逃さない

■誤答パターン3．冒頭引っ掛け
■誤答パターン4．Yes ／ No引っ掛け

多く出題されるWH疑問文では、冒頭とそれに続く数語を聞き取れれば適切な応答を選ぶことができ、スコアアップに直結する。さらに、WH疑問文への応答の選択肢として登場する「Yes ／ No引っ掛け」も回避できる。

Drill 04 質問のポイントをつかもう

WH疑問文の問題は、冒頭部分が聞き取れれば正解できる。ここでは音声を聞いて尋ねられている主な要素（疑問詞とそれに続く数語の内容）を口頭で言ってみよう。言えたらカッコ内に○を、言えなかったら×を記入しよう。

Step
3

弱点克服ドリル

例：（音声）Which way is it to the station?
　　（解答例）どっちの道？／どっちの方？
　　（音声）How long will it take to repair the copy machine?
　　（解答例）どれくらい？／どのくらいかかる？

TR15_DR04

1. （　　　　）	**2.** （　　　　）
3. （　　　　）	**4.** （　　　　）
5. （　　　　）	**6.** （　　　　）
7. （　　　　）	**8.** （　　　　）
9. （　　　　）	**10.** （　　　　）

1. どう思う？

What do you think of the new chairs?

新しい椅子についてどう思いますか？

2. 会議はどこで？

Where will the convention be held next year?

来年の会議はどこで開かれますか？

3. 次の荷はいつ？

When is the next shipment supposed to arrive?

次の荷はいつ届くことになっていますか？

4. なぜたくさんあったのか？

Why have there been so many product defects?

なぜそれほど多くの欠陥製品があったのですか？

5. 何台の車？

How many vehicles can you fit in the new parking garage?

新しい駐車場には何台の車を停められますか？

6. 誰に与える？

Who are you going to give this assignment to?

誰にこの仕事を割り振るのですか？

7. いくらかかる？

How much will it cost to replace the broken window?

割れた窓を取り替えるのにはいくらかかりますか？

8. どれくらい時間がかかる？

How long will it take for the paint to dry in the breakroom?

休憩室のペンキが乾くのにどのくらいかかりますか？

9. 予算はいくら？

What's the budget for the advertising campaign?

広告キャンペーンの予算はどれくらいですか？

10. 誰の番？

Whose turn is it to take the minutes?　議事録を取るのは誰の番ですか？

Drill 05 設問の冒頭部分を正確に聞き取ろう

WH疑問文では疑問詞そのものだけでなく、その後に続く情報も聞き取れると理解できる内容が格段に増える。ここではWH疑問文の重要なポイントを正確に聞き取れているかどうかを確認する。音声を聞き、WH疑問文の冒頭部分を聞き取って空所に記入しよう。

TR16_DR05

1. _____ to arrive?

2. _____ ink cartridges?

3. _____ the company picnic this year?

4. _____ look?

5. _____ of the building be completed?

6. _____ today?

7. _____ at Hudson Engineering?

8. _____ ?

9. _____ the company anniversary dinner?

10. _____ this speech so far?

Drill 05　解答

1. <u>When are our clients expected</u> to arrive?
   クライアントはいつ到着する予定ですか？

2. <u>How do I order</u> ink cartridges?
   インクカートリッジはどのように注文するのですか？

3. <u>Where are we holding</u> the company picnic this year?
   今年はどこで社内ピクニックをやりますか？

4. <u>How does the weather forecast</u> look?
   天気予報はどうですか？

5. <u>When will the renovation</u> of the building be completed?
   建物の修復工事はいつ終わりますか？

6. <u>Why is the cafeteria closed</u> today?
   なぜ今日はカフェテリアが閉まっているのですか？

7. <u>How long have you been working</u> at Hudson Engineering?
   どのくらいHudson Engineeringで働いていますか？

8. <u>When is the president available</u>?
   社長はいつご都合がいいですか？

9. <u>Who's organizing</u> the company anniversary dinner?
   誰が創立記念日のディナーの計画を立てていますか？

10. <u>How many times have you delivered</u> this speech so far?
    これまでに何回このスピーチをしていますか？

疑問文の意図を正しく理解しよう

■誤答パターン5. 意図の誤解

疑問文の形で提案・申し出・依頼・命令などの意図を表す「機能文」では、冒頭によく現れる定型表現を知っていることが必須。音の変化が起きやすく、聞き取りにくいため、カタマリで音を捉えられるように練習しよう。

Drill 06 設問のポイントをつかもう

このタイプの設問は、聞いて瞬時にその意図を把握できることが重要だ。ここでは設問の音声を聞き、何を聞かれているかを口頭で簡潔に言ってみよう。文頭の定型表現と、それに続く動詞や目的語が重要だ。すべての情報を含める必要はないが、できるだけ素早く、自分の言葉で重要な情報を言うよう心がけよう。言えたらカッコ内に○を、言えなかったら×を記入しよう。

> 例1：（音声）Would you like to join us for dinner?
> 　　　（解答例）夕飯を一緒に食べる？／ディナーは一緒に食べたい？
> 例2：（音声）How about offering vegetarian dishes?
> 　　　（解答例）ベジタリアン料理を提供してはどう？

TR17_DR06

1. (　)		2. (　)	
3. (　)		4. (　)	
5. (　)		6. (　)	
7. (　)		8. (　)	
9. (　)		10. (　)	

1. Would you mind reviewing my slides?
私のスライドを見直していただけませんか？

2. Let's meet in front of the box office.
チケット売り場の前で待ち合わせましょう。

3. Why don't you ask for a computer upgrade?
コンピューターのアップグレードを頼んではどうでしょうか？

4. May I see your identification?
身分証明書を見せていただけますか？

5. Would you mind if I use this coffee machine?
このコーヒーメーカーを使っても構いませんか？

6. Why don't we focus on online advertising?
インターネットでの宣伝に集中してはどうでしょうか？

7. Could anyone cover my shift this Sunday?
今度の日曜日の私のシフトを誰か代わってくれませんか？

8. Would you like to try this lavender hand cream?
このラベンダーのハンドクリームを試してみませんか？

9. How about meeting at the construction site at noon?
正午に建設現場で会うのはどうでしょうか？

10. Could you help me check the inventory?
在庫を確認するのを手伝ってくれますか？

Drill 07 設問の冒頭部分を正確に聞き取ろう

設問文の冒頭に多く現れる定型表現は、知っていれば難しくない。ここでは冒頭部分を聞き取れているかどうかを確認していく。英語の音声を聞き、冒頭部分を聞き取って空所に記入しよう。

TR18_DR07

1. _____ the light when I leave the room?
2. _____ this weekend?
3. _____ the social media seminar?
4. _____ for the banquet?
5. _____ the windows open?
6. _____ survey.
7. _____ this contract at a client's office?
8. _____ after lunch?

1. 🇬🇧 <u>Would you like me to turn off</u> the light when I leave the room?
   部屋を出るときに電気を消しましょうか？

2. 🇨🇦 <u>How about going to the dance performance</u> this weekend?
   今週末にダンス公演に行くのはいかがですか？

3. 🇺🇸 <u>Why don't you attend</u> the social media seminar?
   ソーシャルメディアセミナーに参加してはどうですか？

4. 🇦🇺 <u>Shall I place the catering order</u> for the banquet?
   宴会のためにケータリングの注文をしましょうか？

5. 🇺🇸 <u>Would you mind if I keep</u> the windows open?
   窓を開けっぱなしにしていても構いませんか？

6. 🇬🇧 <u>Let's talk about the customer satisfaction</u> survey.
   顧客満足度調査について話しましょう。

7. 🇦🇺 <u>Would you mind dropping off</u> this contract at a client's office?
   顧客のオフィスにこの契約書を置いてきていただけませんか？

8. 🇨🇦 <u>Why don't we continue the discussion</u> after lunch?
   昼食後に話し合いを続けませんか？

5. 「忘れない」ためのトレーニング

■誤答パターン6. 記憶力不足

長くて構造が複雑な疑問文の内容を把握するには、重要な情報だけをつかみ、それを頭の中で素早く凝縮すればよい。選択疑問文はorの前後に、間接疑問文は中ほどにある疑問詞や接続詞以降に設問の核心がある。

Drill 08　設問の核心はどこ？

設問文の長さに惑わされず、尋ねられているポイントを素早くつかむ練習をしよう。ここでは設問の音声を聞き、聞かれている内容に近いものを選択肢から選んで〇を付けよう。

Step 3

弱点克服ドリル

TR19_DR08

1. (A) 研修の所要時間　　　　　(B) 研修の開催日

2. (A) 注文する日　　　　　　　(B) 配送する日

3. (A) 行き先　　　　　　　　　(B) 行き方

4. (A) 残りの個数　　　　　　　(B) 置き場所

5. (A) 展示の時期　　　　　　　(B) 展示の場所

6. (A) 販促キャンペーンの予算　(B) 販促キャンペーンの責任者

7. (A) 原稿の進み具合　　　　　(B) 雑誌の発行時期

8. (A) 配置換えをした日　　　　(B) 配置換えをした人

9. (A) 迎えが必要か　　　　　　(B) 誰が迎えに行くか

10. (A) 帰りの交通手段　　　　　(B) 帰る日

1. (A) 研修の所要時間
Will the employee orientation be a full-day or a half-day?
従業員研修は1日かかりますか、それとも半日ですか？

2. (A) 注文する日
Should we order more shipping labels this week or wait until next week? 宛名ラベルを今週追加注文すべきですか、それとも来週まで待ちますか？

3. (B) 行き方
Do you want to walk to the gallery or take a taxi?
ギャラリーへは歩いて行きたいですか、それともタクシーを使いたいですか？

4. (B) 置き場所
Could you tell me where the extra office supplies are?
予備のオフィス用品がどこにあるか教えてもらえますか？

5. (B) 展示の場所
Is the contemporary art exhibit on the second floor or the third?
現代美術の展示は2階ですか、それとも3階ですか？

6. (B) 販促キャンペーンの責任者
Do you know who is in charge of the new promotional campaign?
新しい販促キャンペーンの責任者が誰か知っていますか？

7. (A) 原稿の進み具合
Have you finished the draft of the magazine article, or do you need more time?
雑誌の記事の草稿は書き終わりましたか、それとももっと時間が必要ですか？

8. (B) 配置換えをした人
Did you rearrange the furniture, or did Karen do it?
家具の配置を変えたのはあなたですか、それともKarenがやったのですか？

9. (A) 迎えが必要か
Do you know if Ms. Choi needs a ride from the airport?
Choiさんを空港に迎えに行く必要があるかどうか知っていますか？

10. (B) 帰る日
Will you stay overnight, or are you going back to Dallas today?
一泊するのですか、それとも今日Dallasに帰るのですか？

頻出の定型表現を知ろう

■誤答パターン7. 定型表現の知識不足

定型表現は一見簡単な単語が並んでいるだけのようだが、油断は禁物だ。Part 2の数秒の解答時間の中で音を聞き取り、瞬時に意味を理解するのは難しい。それを克服するには、定型表現の音と意味を「丸ごと」覚えるのが得策だ。

Drill 09　定型表現の音と意味を確認しよう

定型表現は知らなければ始まらない。まずは、Part 2で多く登場する応答文の定型表現とその意味を、音とともに確認しよう。

提案・勧誘・依頼・申し出に応じる表現

TR20_DR09-1 🇺🇸 🇬🇧

By all means.　どうぞ。／ぜひとも。
I'd be glad to. / I'd love to. / I'd be happy to.　喜んで。／ぜひ。
Sure. / Sure thing.　もちろん。
That'd be great.　いいですね。
Why not?　ぜひそうしてください。／ぜひそうしましょう。

提案・勧誘・依頼・申し出を断わる表現

TR21_DR09-2 🇺🇸 🇬🇧

I'd have to check. / Let me check.　確認します。
I'm afraid ～ .　残念ながら～です。
Leave it to me.　私に任せてください。

Step
3

弱点克服ドリル

選択疑問文に対する応答の表現

TR22_DR09-3 🇺🇸 🇬🇧

Either (one) is fine.　どちらでもいいです。
Whichever you prefer.　あなたが良い方で結構です。
It depends on ~.　～によります。／～次第です。
It's up to you.　あなた次第です。

時・頻度と場所の定型表現

TR23_DR09-4 🇺🇸 🇬🇧

at the latest　遅くてもせいぜい
down the hall [street]　廊下［通り］を行ったところに
(every) now and then　時々
no later than ~　（遅くとも）～までには
Not just yet.　今はまだしない。
on schedule　予定通り
right [just] around the corner　（時期や場所が）すぐそこに

その他の定型表現

TR24_DR09-5 🇺🇸 🇬🇧

~ will do　～で間に合う／～で十分だ
a couple of ~　いくつかの～
be in charge (of ~)　（～を）担当する
drop in ~　～に立ち寄る
drop off ~　～を置いていく／～を車から降ろす
in a row　連続して
Not that I know of.　知っている限りではない。
run out of ~　～がなくなる
That's the plan.　その予定だ。

Drill 10　定型表現を聞き取ろう

応答の定型表現は短いものが多いため、気を抜いているとあっという間に通り過ぎてしまう。ここでは応答をしっかり聞き取れているかどうかを確認していく。設問と応答の音声を聞き、応答の方を書き出そう。

TR25_DR10

1. _____.

2. _____.

3. _____.

4. _____.

5. _____.

6. _____.

7. _____.

8. _____.

9. _____.

10. _____.

Step
3

弱点克服ドリル

1. 🏴 Could I attend your sales presentation this afternoon?
今日の午後のセールスプレゼンテーションに参加してもいいですか？

🇨🇦 By all means.　ぜひ。

2. 🇺🇸 Will you be dining alone this evening?　今晩はお一人で食事をされますか？

🇦🇺 That's the plan.　その予定です。

3. 🇨🇦 Would you be interested in joining our book club?
読書サークルに参加してみませんか？

🇺🇸 I'd love to.　ぜひ。

4. 🇦🇺 Can I get a product sample to take back with me?
持ち帰れる商品サンプルをいただけますか？

🏴 I'm afraid we don't give them out.
残念ながらお配りしていないんです。

5. 🇺🇸 Will you be attending any concerts while you're in London?
London滞在中にコンサートに行きますか？

🇨🇦 Of course we will.　もちろんそうするつもりです。

6. 🏴 How many brochures will you need for the sales event?
販売会にパンフレットは何冊いりますか？

🇺🇸 A couple of hundred.　数百部です。

7. 🇨🇦 Let's leave early to avoid the heavy traffic.
渋滞を避けるために早めに出発しましょう。

🇦🇺 Good idea.　いい考えですね。

8. 🇺🇸 Where's the closest hardware store?
一番近い金物店はどこにありますか。

🇦🇺 It's right around the corner.　すぐそこです。

9. 🏴 Shall we conduct a satisfaction survey?
満足度調査を行いましょうか？

🇨🇦 Not just yet.　まだしないでおきましょう。

10. 🇺🇸 Which curtains do you prefer, the blue ones or the brown ones?
青いカーテンと茶色のカーテン、どちらが良いですか？

🏴 Either is fine.　どちらでも構いません。

⑦ 頻出の単語を知ろう

■誤答パターン8. 単語の知識不足

Part 2の単語は比較的簡単ではあるが、単語学習の重要性は変わらない。聞き取れない、意味がわからない単語が1つあるだけで正解できないこともある。特に実際の発音がつづりからイメージする音とかけ離れている場合は厄介だ。

Drill 11　頻出単語の発音と意味

米発音→英発音→日本語訳の音声を聞いて、単語の音と意味を確認しよう。

職業・業種

`TR26_DR11-1` 🇺🇸 🇬🇧

inspector （图 検査官）
intern （图 インターン、実習生）
pharmacy （图 薬局）
supplier （图 納入業者）

オフィス設備・機器・備品

`TR27_DR11-2` 🇺🇸 🇬🇧

appliance （图 電化製品）
hallway （图 廊下）
install （動 ～を設置する、～をインストールする）
stationery （图 文房具）

経理・会計

`TR28_DR11-3` 🇺🇸 🇬🇧

budget （图 予算）
expense （图 経費）
inventory （图 在庫品）＊アクセントは第1音節
invoice （图 請求書）＊アクセントは第1音節

Step
3
弱点克服ドリル

75

会議

`TR29_DR11-4` 🇺🇸 🇬🇧

agenda（名 議題）
figure（名 数字、図表）
launch（動 ～を発売する）
manufacture（動 ～を製造する）
quarterly（形 四半期の）

オフィスでの会話

`TR30_DR11-5` 🇺🇸 🇬🇧

renovate（動 ～を改修する、～を修理する）
supervisor（名 上司、監督者）
survey（名 アンケート、調査）
directory（名 名簿、案内板）
résumé（名 履歴書）
colleague（名 同僚）
logo（名〈会社などの〉ロゴマーク）
warehouse（名 倉庫）
warranty（名 保証）

外出

`TR31_DR11-6` 🇺🇸 🇬🇧

award（名 賞）
banquet（名 宴会）
brochure（名 パンフレット）
itinerary（名 旅程表）
reception（名 パーティー）
venue（名 会場）

Drill 12　難しい単語の聞き取りチェック

英文の音声を聞き、空所の単語を聞き取って記入しよう。答え合わせをした後は忘れずに文の意味を確認しよう。

TR32_DR12

1. How many people do we ＿＿＿＿＿ to attend our store opening event on Friday?

2. The library's being ＿＿＿＿＿ .

3. Where are they holding the ＿＿＿＿＿ this year?

4. Do you have time to check the ＿＿＿＿＿ on my report?

5. One of my ＿＿＿＿＿ used to work for Scranton Auto.

1. 🇨🇦 How many people do we <u>expect</u> to attend our store opening event on Friday?

   金曜日の開店イベントに何人が出席する見込みですか？

2. 🇺🇸 The library's being <u>renovated</u>.　図書館は改修中です。

3. 🇬🇧 Where are they holding the <u>banquet</u> this year?

   彼らは今年、どこで宴会を開くのでしょうか？

4. 🇦🇺 Do you have time to check the <u>figures</u> on my report?

   私の報告書の数字をチェックする時間はありますか？

5. 🇺🇸 One of my <u>colleagues</u> used to work for Scranton Auto.

   私の同僚の一人が以前 Scranton Auto で働いていました。

8. 捻った応答に惑わされるな

■誤答パターン9. 間接的な応答への対応力不足

設問に対してやや捻った応答を返す問題への対応力を高めるには、応答のパターンを知るのが近道だ。「感想を述べる」「質問で返す」「提案する」などさまざまなパターンがあるが、特に頻出ものをまとめたので、よく使われる表現とともに覚えておこう。

Drill 13　捻った応答の定番パターンをチェック

設問と応答のセットの音声を聞き、会話がかみ合っていれば下の解答欄に〇を、かみ合っていなければ×を書こう。

Step 3 弱点克服ドリル

TR33_DR13

1. (　　　　)　　　2. (　　　　)

3. (　　　　)　　　4. (　　　　)

5. (　　　　)　　　6. (　　　　)

7. (　　　　)　　　8. (　　　　)

9. (　　　　)　　　10. (　　　　)

1.　○　平叙文での報告に質問で応じている。

🇺🇸 We're having the employee uniforms redesigned this year.

今年は社員のユニフォームを一新します。

🇬🇧 Can I see the designs?　デザインを見られますか？

2.　○　設問文で問題が共有されている場合はその解決策を提案する応答が多い。

🇦🇺 It is hard to find an apartment downtown.

中心街でアパートを見つけるのは難しいですね。

🇨🇦 Actually, Melissa is looking for a roommate.

実は、Melissaがルームメートを探しているんですよ。

3.　○　Let me check ~.「～を確認してみます」は定番の表現だ。

🇬🇧 Why don't we meet to discuss the Bridgerton account?

会ってBridgertonのアカウントについて話しませんか？

🇦🇺 Let me check my schedule.　スケジュールを確認してみます。

4.　×　「ケーキが配達されたか」という質問とかみ合っていない。

🇺🇸 Has the cake for the farewell party been delivered yet?

送別会のケーキはもう配達されましたか？

🇬🇧 It was a lot of fun.　楽しかったですね。

5.　○　「～さんに聞いて」と情報源を伝える定番の応答パターン。

🇨🇦 Where can I buy coffee around here?

この辺だとどこでコーヒーを買えますか？

🇦🇺 You should ask Karen.　Karenに聞くといいですよ。

6.　×　平叙文の発言に対してNoで始まる応答が正解になることはまずない。

🇬🇧 I heard the Mexican restaurant downstairs is quite popular.

下の階のメキシコ料理レストランはとても人気があると聞きました。

🇨🇦 No, they haven't arrived yet.　いいえ、彼らはまだ到着していません。

7. ○ 発言の内容に関する質問を返すパターン。

🇺🇸 We need to be in San Francisco by nine A.M. to prepare for the seminar.

セミナーの準備のために午前9時までにSan Franciscoに行かなければなりません。

🇦🇺 What time should we leave here?　何時にここを出ればいいですか?

8. ○ 管理オフィスの場所を伝える代わりに「管理者が近くにいる」と伝える変化球の応答。

🇺🇸 Where's the management office of the apartment complex?

アパートの管理オフィスはどこですか?

🇨🇦 That woman over there is the manager.　あの女性が管理人ですよ。

9. ○ 「メールを確認しなかったのか」と質問を返すことで、暗に情報源(メール)を伝えるパターン。

🇦🇺 Wasn't the expense report due today?

経費報告書の締め切りは今日ではなかったのですか?

🇬🇧 Didn't you check the e-mail?　メールを確認しなかったのですか?

10. ○ 「~さんなら知っている」と情報源を伝えるパターン。

🇺🇸 We are almost running out of ink cartridges.

インクカートリッジがなくなりそうです。

🇬🇧 Aziz would know where to find them.

Azizならどこにあるか知っていますよ。

✓ Check!

確認する	例: Let me check. 確認します。
わからない、知らない	例: I'm not sure. わかりません。 We don't know yet. まだ知りません。
決まっていない	例: We haven't decided yet. まだ決めていません。
~に聞いて、~を見て (=情報源を伝える)	例: You should ask Lisa. Lisaに聞いてください。 The directory is over there. 案内板はそこにあります。

9. 頻出表現を英豪発音で耳に叩き込む

■誤答パターン10. 英豪発音への不慣れ

TOEICは国際共通語としての英語の力を測るテストなので、他の地域の人にわからないほど癖の強い発音は使われない。北米発音が100%聞き取れる人なら、英豪発音も聞き取れるはず。全般的なリスニング力を向上させるのと並行し、英豪発音にも徐々に慣れていこう。北米と英豪で発音が明らかに異なる語を押さえたうえで、頻出の定型文を英豪発音で何度も聞き、耳になじませる。音声再生アプリで再生速度を1.2～1.5倍にして聞くトレーニングも効果的だ。

Drill 14

単語の音声が、英発音→豪発音→米発音→日本語訳の順で聞こえる。違いを確認しよう。英豪発音については、便宜上英発音の発音記号のみを付記している。

読み方やアクセントの位置が違う語

個人差が大きく、英豪話者であっても北米話者と同じ発音で読むこともあるが、知っておくと慌てずに済む。

TR34_DR14-1

advertisement	[ədvə́:tismənt] → [ædvərtáizmənt]	名 広告
brochure	[bróuʃə] → [brouʃúər]	名 パンフレット
can't	[kɑ́:nt] → [kǽnt]	助 ～できない
data	[déitə] [dɑ́:tə] [dɑ́:tə] → [déitə] [dǽtə]	名 データ
either	[áiðər] → [í:ðər]	形 どちらの～も
neither	[náiðər] → [ní:ðər]	形 どちらの～も…でない
garage	[gǽrɑːʒ] → [gərɑ́ʒ | gərɑ́dʒ]	名 ガレージ
herb	[hə́:b] → [ə́:rb]	名 ハーブ
laboratory	[ləbɔ́rətri] → [lǽbrətɔ̀ri]	名 実験室

schedule	🇬🇧🇦🇺 [ʃédʒuːl] → 🇺🇸 [skédʒuːl] 名 スケジュール
reschedule	🇬🇧🇦🇺 [riːʃédʒuːl] ➡ 🇺🇸 [riːskédʒuːl]
	動 予定を変更する
vase	🇬🇧🇦🇺 [váːz] ➡ 🇺🇸 [véis] 名 花瓶

母音や子音の響きの違いが顕著な語

英豪発音の特徴として、次の3点を特に意識しておこう。①北米発音に比べてrが響かない。特に語末ではかなり弱くなる。②北米発音に比べてtがはっきり発音される。例えばletterのtは、北米発音ではdまたはラ行の子音に近い音になりがちだが、英豪、特にイギリスでは、そのままtで発音される。③北米発音に比べて母音が短い。例えば、top、hotなどの主にoで表される母音は、北米発音ではɑːになるが、英豪発音ではɔ（またはɒ）と日本語の「オ」に近い音になる。

Step 3
弱点克服ドリル

TR35_DR14-2

letter	🇬🇧🇦🇺 [létə] → 🇺🇸 [létər] 名 手紙
water	🇬🇧🇦🇺 [wɔ́ːtə] → 🇺🇸 [wɔ́tər | wɑ́tər] 名 水
theater	🇬🇧🇦🇺 [θíətə] → 🇺🇸 [θíətər] 名 劇場
intern	🇬🇧🇦🇺 [íntəːn] → 🇺🇸 [íntəːrn] 名 インターン
tour	🇬🇧🇦🇺 [túə] → 🇺🇸 [túər] 名 ツアー
artist	🇬🇧🇦🇺 [áːtist] → 🇺🇸 [ártist] 名 芸術家
car	🇬🇧🇦🇺 [káː] → 🇺🇸 [kár] 名 車
park	🇬🇧🇦🇺 [páːk] → 🇺🇸 [párk] 名 公園 動 駐車する
repair	🇬🇧🇦🇺 [ripέə] → 🇺🇸 [ripέr] 動 〜を修理する
color	🇬🇧🇦🇺 [kʌ́lə] → 🇺🇸 [kʌ́lər] 名 色
during	🇬🇧🇦🇺 [dʒúəriŋ | djúəriŋ] → 🇺🇸 [djúriŋ | də́ːriŋ]
	前 〜の間に
	※北米は「デュ」、英豪は「ジュ」に近い。

Drill 15

英豪発音で読まれる文を聞き、リピーティングしよう。音声は英2回、豪2回の順番で流れる。それぞれ2回目の後に、発音やイントネーション（抑揚）を再現するつもりで読み上げよう。下線部は特に注意したい箇所だ。

TR36_DR15 🇬🇧 🇦🇺

1. Why don't you join us for a museum <u>tour</u>?
   美術館のツアーに一緒に参加しませんか？

2. Would you mind reviewing my cover <u>letter</u>?
   私のカバーレターを見直していただけませんか？

3. Could I talk to you about the <u>schedule</u> for the next product launch?
   次の製品の発売スケジュールについてお話ししたいのですが。

4. Would you mind if I <u>park</u> my truck here while loading?
   荷物を積む間、私のトラックをここに止めておいてもよろしいでしょうか？

5. How about throwing a welcome party for the <u>interns</u>?
   インターンのために歓迎パーティーを開いてはどうでしょうか？

6. Aren't the new <u>brochures</u> supposed to arrive today?
   新しいパンフレットは今日届くことになっていませんか？

7. The <u>button</u> for adjusting the volume is located in the <u>bottom</u> left corner.   ボリューム調整ボタンは左下の角にあります。

8. Thanks for the <u>tour</u> of the <u>laboratory</u>. It was fascinating to see the experiments.   研究所を案内してくれてありがとう。実験を見るのはとても面白かったです。
   Not <u>at all</u>.   どういたしまして。

9. When will the <u>advertisement</u> for our new soap come out?
   新しいせっけんの広告はいつ開始されますか？

10. Can I try on this <u>sweater</u>?
このセーターを試着していいですか？

11. I can't find the notes I took <u>during</u> the seminar.
セミナーの間にとったメモが見つかりません。

12. Could you arrange the folders according to <u>colors</u>?
色別にフォルダーを整理していただけますか？

13. Why are the <u>laboratory's</u> lights still on?
なぜ実験室の明かりはまだついているのですか？

14. Could you bring us some <u>water</u> to the <u>garage</u>?
ガレージに水を持ってきていただけますか？

15. I have two tickets for the concert at the downtown <u>theater</u>.
中心街の劇場で行われるコンサートのチケットを2枚持っています。

Step
3

弱点克服ドリル

太郎「プレゼン資料を作ってくれない？」
花子「今日、デートなの」

この会話は自然ですね。花子は太郎の依頼を断っていますが、「資料を作るかどうか」を直接的には答えていません。花子の心の声を想像すると、「（無理。）今日、デートなの（夜に予定があるから、あなたの資料のために残業はできない）」といったものでしょう。この会話が成立する背景にはいくつかの前提条件が隠れています。例えば、①太郎は資料をすぐに必要としていて、②花子はそれを知っています。また、花子がその日の夜の予定を理由に断るということは、③2人が話しているのはその日の夕方であり、少なくとも午前9時ではないでしょう。

では、それらの前提条件を満たさない状況を想像してください。1週間後にプレゼンを控えた太郎が、出社直後の花子に話しかけます。

太郎「プレゼン資料を作ってくれない？」
花子「今日、デートなの」

さっきは自然だと感じた会話が、状況が変わると急に違和感を放ちます。一定の条件を満たす状況では自然な応答が、別の状況では不自然に聞こえる。これが、Part 2で特に難問と言われる、「状況依存型の応答」です。

Part 2では会話の状況が明確でないことが多いため、受験者側に「察し」が求められます。とはいえ私たち日本人は察することがむしろ得意なので、言葉で明示されていない情報を脳内で補えるはずです。実際に最初の会話は自然だと感じましたよね。

「状況依存型の応答」に強くなるには、状況と発言をセットにして英語を学ぶと効果的です。TOEICのPart 3や、海外の映画やドラマを通じて、人はどんな状況で、どんな発言をするかを知る。それが実践的な英語学習であり、同時に試験対策でもあります。

（特別寄稿：ヒロ前田）

Step 4

確認テスト
Check Tests

本番と同じ1セット25問のテスト
4セットに取り組み、ここまでの
学習の成果を確認しよう。

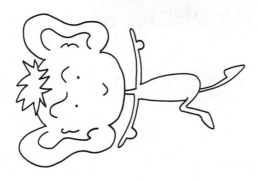

確認テストの受け方 ·····································

確認テストは、実際の TOEIC テストと同様に 25 問で 1 セットとなっており、
計 4 セット、100 問で構成されている。セットごとに解答用マークシート（表）、
正誤確認シート（裏）がある。

① **問題を解く**　ダウンロード音声の指定トラックを再生しよう。25 問連続で問題
を解き、解答をマークシートに記入しよう。
　自信を持って答えられなかった（勘で解いた）問題については、「勘ボックス」
に「✓」をつけておこう。

トラック　　　　　　　　　　　　　　勘ボックス

② **正誤を確認する**　25 問解き終わったら、裏ページの解答欄に自分の解答を転
記しよう。
　正解記号と照らし合わせ、「正誤」欄に〇×を記入する。
　正解していても「勘ボックス」にチェックが入っていた場合は△を記入する。

回答欄　　　正誤欄

問題 番号	正解 記号	あなたの 解答	正誤
1.	（A）	C	×
2.	（B）	B	〇
3.	（B）	B	△

さっそくテスト開始！

Set 1 Mark your answers below.

音声を聞き、問題を解こう。

1. (A) (B) (C) 勘 ☐
2. (A) (B) (C) 勘 ☐
3. (A) (B) (C) 勘 ☐
4. (A) (B) (C) 勘 ☐
5. (A) (B) (C) 勘 ☐
6. (A) (B) (C) 勘 ☐
7. (A) (B) (C) 勘 ☐
8. (A) (B) (C) 勘 ☐
9. (A) (B) (C) 勘 ☐
10. (A) (B) (C) 勘 ☐
11. (A) (B) (C) 勘 ☐
12. (A) (B) (C) 勘 ☐
13. (A) (B) (C) 勘 ☐

14. (A) (B) (C) 勘 ☐
15. (A) (B) (C) 勘 ☐
16. (A) (B) (C) 勘 ☐
17. (A) (B) (C) 勘 ☐
18. (A) (B) (C) 勘 ☐
19. (A) (B) (C) 勘 ☐
20. (A) (B) (C) 勘 ☐
21. (A) (B) (C) 勘 ☐
22. (A) (B) (C) 勘 ☐
23. (A) (B) (C) 勘 ☐
24. (A) (B) (C) 勘 ☐
25. (A) (B) (C) 勘 ☐

Step
4

確認テスト

Set 1 Mark your answers below.

音声を聞き、問題を解こう。

❶ あなたの解答」欄に自分の解答記号を転記。
❷ 「正解記号」と照合し、「正誤」欄に〇×を記入。
　 正解でも「勘ボックス」にチェックがある場合は△を記入。

問題番号	正解記号	あなたの解答	正誤
1.	(A)		
2.	(B)		
3.	(B)		
4.	(C)		
5.	(C)		
6.	(A)		
7.	(B)		
8.	(C)		
9.	(C)		
10.	(C)		
11.	(A)		
12.	(B)		
13.	(B)		

問題番号	正解記号	あなたの解答	正誤
14.	(C)		
15.	(A)		
16.	(A)		
17.	(C)		
18.	(C)		
19.	(A)		
20.	(B)		
21.	(B)		
22.	(C)		
23.	(B)		
24.	(A)		
25.	(A)		

→スクリプト・訳・解説は p.142 〜 154

Set 2 Mark your answers below.

音声を聞き、問題を解こう。

TR38_CT_Set2

1. Ⓐ Ⓑ Ⓒ 勘 ☐
2. Ⓐ Ⓑ Ⓒ 勘 ☐
3. Ⓐ Ⓑ Ⓒ 勘 ☐
4. Ⓐ Ⓑ Ⓒ 勘 ☐
5. Ⓐ Ⓑ Ⓒ 勘 ☐
6. Ⓐ Ⓑ Ⓒ 勘 ☐
7. Ⓐ Ⓑ Ⓒ 勘 ☐
8. Ⓐ Ⓑ Ⓒ 勘 ☐
9. Ⓐ Ⓑ Ⓒ 勘 ☐
10. Ⓐ Ⓑ Ⓒ 勘 ☐
11. Ⓐ Ⓑ Ⓒ 勘 ☐
12. Ⓐ Ⓑ Ⓒ 勘 ☐
13. Ⓐ Ⓑ Ⓒ 勘 ☐

14. Ⓐ Ⓑ Ⓒ 勘 ☐
15. Ⓐ Ⓑ Ⓒ 勘 ☐
16. Ⓐ Ⓑ Ⓒ 勘 ☐
17. Ⓐ Ⓑ Ⓒ 勘 ☐
18. Ⓐ Ⓑ Ⓒ 勘 ☐
19. Ⓐ Ⓑ Ⓒ 勘 ☐
20. Ⓐ Ⓑ Ⓒ 勘 ☐
21. Ⓐ Ⓑ Ⓒ 勘 ☐
22. Ⓐ Ⓑ Ⓒ 勘 ☐
23. Ⓐ Ⓑ Ⓒ 勘 ☐
24. Ⓐ Ⓑ Ⓒ 勘 ☐
25. Ⓐ Ⓑ Ⓒ 勘 ☐

Step
4

確認テスト

Set 2　Mark your answers below.

音声を聞き、問題を解こう。

❶ あなたの解答」欄に自分の解答記号を転記。
❷ 「正解記号」と照合し、「正誤」欄に〇×を記入。
　正解でも「勘ボックス」にチェックがある場合は△を記入。

問題番号	正解記号	あなたの解答	正誤
1.	(B)		
2.	(A)		
3.	(C)		
4.	(B)		
5.	(B)		
6.	(A)		
7.	(B)		
8.	(A)		
9.	(B)		
10.	(C)		
11.	(C)		
12.	(A)		
13.	(B)		

問題番号	正解記号	あなたの解答	正誤
14.	(B)		
15.	(C)		
16.	(A)		
17.	(C)		
18.	(C)		
19.	(C)		
20.	(A)		
21.	(C)		
22.	(A)		
23.	(B)		
24.	(B)		
25.	(A)		

→スクリプト・訳・解説は p.154 ～ 166

Set 3 Mark your answers below.

音声を聞き、問題を解こう。

TR39_CT_Set3

1. Ⓐ Ⓑ Ⓒ 勘 ☐
2. Ⓐ Ⓑ Ⓒ 勘 ☐
3. Ⓐ Ⓑ Ⓒ 勘 ☐
4. Ⓐ Ⓑ Ⓒ 勘 ☐
5. Ⓐ Ⓑ Ⓒ 勘 ☐
6. Ⓐ Ⓑ Ⓒ 勘 ☐
7. Ⓐ Ⓑ Ⓒ 勘 ☐
8. Ⓐ Ⓑ Ⓒ 勘 ☐
9. Ⓐ Ⓑ Ⓒ 勘 ☐
10. Ⓐ Ⓑ Ⓒ 勘 ☐
11. Ⓐ Ⓑ Ⓒ 勘 ☐
12. Ⓐ Ⓑ Ⓒ 勘 ☐
13. Ⓐ Ⓑ Ⓒ 勘 ☐

14. Ⓐ Ⓑ Ⓒ 勘 ☐
15. Ⓐ Ⓑ Ⓒ 勘 ☐
16. Ⓐ Ⓑ Ⓒ 勘 ☐
17. Ⓐ Ⓑ Ⓒ 勘 ☐
18. Ⓐ Ⓑ Ⓒ 勘 ☐
19. Ⓐ Ⓑ Ⓒ 勘 ☐
20. Ⓐ Ⓑ Ⓒ 勘 ☐
21. Ⓐ Ⓑ Ⓒ 勘 ☐
22. Ⓐ Ⓑ Ⓒ 勘 ☐
23. Ⓐ Ⓑ Ⓒ 勘 ☐
24. Ⓐ Ⓑ Ⓒ 勘 ☐
25. Ⓐ Ⓑ Ⓒ 勘 ☐

Step
4

確認テスト

Set 3 Mark your answers below.
音声を聞き、問題を解こう。

❶ あなたの解答」欄に自分の解答記号を転記。
❷「正解記号」と照合し、「正誤」欄に〇×を記入。
　正解でも「勘ボックス」にチェックがある場合は△を記入。

問題番号	正解記号	あなたの解答	正誤
1.	(C)		
2.	(B)		
3.	(A)		
4.	(C)		
5.	(A)		
6.	(B)		
7.	(C)		
8.	(B)		
9.	(C)		
10.	(A)		
11.	(B)		
12.	(B)		
13.	(C)		

問題番号	正解記号	あなたの解答	正誤
14.	(C)		
15.	(B)		
16.	(A)		
17.	(B)		
18.	(A)		
19.	(A)		
20.	(B)		
21.	(A)		
22.	(C)		
23.	(C)		
24.	(C)		
25.	(B)		

→スクリプト・訳・解説は p.167 〜 179

Set 4 Mark your answers below.

音声を聞き、問題を解こう。

TR40_CT_Set4

1. Ⓐ Ⓑ Ⓒ 勘 □   14. Ⓐ Ⓑ Ⓒ 勘 □

2. Ⓐ Ⓑ Ⓒ 勘 □   15. Ⓐ Ⓑ Ⓒ 勘 □

3. Ⓐ Ⓑ Ⓒ 勘 □   16. Ⓐ Ⓑ Ⓒ 勘 □

4. Ⓐ Ⓑ Ⓒ 勘 □   17. Ⓐ Ⓑ Ⓒ 勘 □

5. Ⓐ Ⓑ Ⓒ 勘 □   18. Ⓐ Ⓑ Ⓒ 勘 □

6. Ⓐ Ⓑ Ⓒ 勘 □   19. Ⓐ Ⓑ Ⓒ 勘 □

7. Ⓐ Ⓑ Ⓒ 勘 □   20. Ⓐ Ⓑ Ⓒ 勘 □

8. Ⓐ Ⓑ Ⓒ 勘 □   21. Ⓐ Ⓑ Ⓒ 勘 □

9. Ⓐ Ⓑ Ⓒ 勘 □   22. Ⓐ Ⓑ Ⓒ 勘 □

10. Ⓐ Ⓑ Ⓒ 勘 □   23. Ⓐ Ⓑ Ⓒ 勘 □

11. Ⓐ Ⓑ Ⓒ 勘 □   24. Ⓐ Ⓑ Ⓒ 勘 □

12. Ⓐ Ⓑ Ⓒ 勘 □   25. Ⓐ Ⓑ Ⓒ 勘 □

13. Ⓐ Ⓑ Ⓒ 勘 □

Step 4 確認テスト

Set 4 Mark your answers below.

音声を聞き、問題を解こう。

❶「あなたの解答」欄に自分の解答記号を転記。
❷「正解記号」と照合し、「正誤」欄に○×を記入。
　正解でも「勘ボックス」にチェックがある場合は△を記入。

問題番号	正解記号	あなたの解答	正誤
1.	(B)		
2.	(B)		
3.	(A)		
4.	(B)		
5.	(A)		
6.	(C)		
7.	(C)		
8.	(A)		
9.	(C)		
10.	(A)		
11.	(B)		
12.	(A)		
13.	(A)		

問題番号	正解記号	あなたの解答	正誤
14.	(C)		
15.	(C)		
16.	(B)		
17.	(B)		
18.	(A)		
19.	(B)		
20.	(A)		
21.	(C)		
22.	(C)		
23.	(A)		
24.	(B)		
25.	(A)		

→スクリプト・訳・解説は p.179 ～ 191

診断テスト
解答・解説

Diagnostic Tests
Answers and Explanations

診断テスト（pp.11 ～ 30）の解答・解説とスクリプトを確認しよう。自分が引っ掛かってしまった設問パターン、誤答パターンの説明を読んだ上で、もう一度音声を聞いてみよう。

診断テスト解答・解説

Set 1

1. (C)　　　　　　　　　　　　　　　　　　　　　　　【TR_DT001】

🇺🇸 How do I order ink cartridges?　**WH短**

インクカートリッジはどのように注文すればいいですか?

🇦🇺 (A) Pens and pencils.　**連**

(B) Yes, please.　**YN**

(C) You can call the supplier.
　　難 BA

(A) ペンと鉛筆です。

(B) はい、お願いします。

(C) 納入業者に電話するといいですよ。

語注 order: ~を注文する　supplier: 納入業者

解説 注文方法を尋ねられ「納入業者に電話をするといい」と提案している (C) が
正解。(A)は設問中のink cartridges(インクカートリッジ)から連想しやすいオフィ
ス用品を含む連想わなだ。How で始まる疑問文なので、(B) のように Yes で始ま
る応答は適さない。

....

2. (A)　　　　　　　　　　　　　　　　　　　　　　　【TR_DT002】

🇬🇧 Why did you cancel your appointment?　**WH短**

なぜ予約をキャンセルしたのですか?

🇨🇦 (A) I needed more time to prepare.
　　BA

(B) I can sell a few.　**音**

(C) It's after lunch.　**冒**

(A) もっと準備の時間が必要でした。

(B) いくつか売ることができます。

(C) 昼食後に。

語注 appointment: 予約　prepare: ~を準備する

解説 キャンセルの理由を尋ねられているのに対して「準備の時間が必要だった」
と理由を説明している (A) が適切。(B) の can sell は cancel と音が似ているがア
クセントの位置が違い、can の方が弱く読まれる。(C) は Why を When と聞き間
違えた人には魅力的な選択肢だ。

....

3. (C) 【TR_DT003】

How long have you been working at Hudson Engineering? **WH長**

どのくらいの間 Hudson Engineering で働いていますか？

(A) Five kilometers. **音**
(B) A lot of projects. **連 音**
(C) About 10 years now. **BA**

(A) 5 キロです。
(B) 多くのプロジェクトです。
(C) 今で約 10 年です。

解説 How long have you been ~ ?「どれくらいの間～しているか」という質問に期間で答えている (C) が適切。How long には「どれくらいの長さ」という意味もあるので設問の後半が聞き取れないと (A) ももっともらしく聞こえる。(B) はHow many と聞き間違えたり、Engineering（工業）から projects を連想したりした人向けのわな。

....

4. (A) 【TR_DT004】

I'm required to attend the information session on Sunday, aren't I? **付疑**

日曜日の説明会には出席しなければなりませんよね？

(A) No, next time. **忘 BA**
(B) I was informed. **音**
(C) I'm spending time with my family. **音 連**

(A) いいえ、次回ですよ。
(B) 知らされました。
(C) 家族と過ごしています。

語注 be required to do: ～しなければならない　information session: 説明会

解説「出席しなければなりませんよね」と付加疑問文で確認している。それに対して No で否定してから「（出席しなければいけないのは）次回ですよ」と情報を付け加えている (A) が正解。(B) の informed は設問中の information の音わな、(C)は Sunday の連想わなを含んでいる。

....

診断テスト

解答・解説

5. (B)　　　　　　　　　　　　　　　　　　　　　　　　　　【TR_DT005】

🍁 Did we need to buy all that food? **YN**

食品をあんなに買う必要があったのかな？

🇺🇸 (A) Go ahead. **定**
(B) We only used half of it. **捻**
(C) Yes, there is.

(A) どうぞ。
(B) 半分しか使わなかったよね。
(C) はい、あります。

解説 設問文は「あれが全部必要だったか」という単純な質問ではなく、「たくさん買いすぎたのではないか」というニュアンスを含む。それに対して「半分しか使わなかった」と暗に同意している (B) が正解。(A) の Go ahead. は許可を求められて応じるときに使う表現なのでここでは不適。(C) は we did ならば「必要だった」という意味になるが、there is ではかみ合わない。

⋯⋯

6. (A)　　　　　　　　　　　　　　　　　　　　　　　　　　【TR_DT006】

🇺🇸 How many times have you delivered this speech so far? **WH長**

このスピーチをこれまでに何回したことがありますか？

🇬🇧 (A) Only a couple of times. **定 BA**
(B) It should arrive soon. **冒**
(C) It's not that far. **音**

(A) 数回だけです。
(B) すぐに着くはずです。
(C) それほど遠くありません。

語注 deliver:（スピーチなど）をする　so far: 今までのところ

解説 How many times ~? で回数を問われているのに対して、a couple of times（数回）と答えている (A) が正解。a couple of ~（2、3の〜、いくつかの〜）という表現が理解できたかが鍵だ。なお、設問文の質問の deliver a speech は「スピーチをする」という意味。(B) は冒頭を How soon と取り違えた人が選びたくなる選択肢。(C) の far は音わなとなっている。

⋯⋯

7. (C)   【TR_DT007】

Shouldn't Tim be in charge of the product launch this time?
否疑

今回の製品の発売は Tim が担当するべきではないでしょうか？

(A) About six thirty. 連

(B) It charges in no time. 音

(C) No, he's too busy. 忘 定 BA

(A) 6 時半ごろです。
(B) 充電があっという間です。
(C) いいえ、彼は忙しすぎます。

語注 in charge of ~: ～の担当で　product launch: 製品の発売　charge: 充電される

解説 「Tim が担当するべきではないか」と尋ねる否定疑問文。文頭の Shouldn't の n't は弱く発音されるので聞き取りづらいが、Part 2 では否定疑問文は普通の疑問文と同様に捉えても解答に支障はない。(C) は No「いいえ」と反対してからそう考える理由を説明しており自然な応答となっている。(A) は time の連想わな、(B) は charge の音わなだ。

....

8. (A)   【TR_DT008】

Can I use the company car, or has someone reserved it? 選疑

社用車を使ってもいいですか、それとも誰かが予約していますか？

(A) It's available. 忘 難 BA

(B) We used to. 音

(C) In the garage. 連

(A) 使っていいですよ。
(B) かつてはそうしていました。
(C) ガレージの中で。

語注 available: 利用できる

解説 「社用車を使ってよいか」と尋ねられ、(A) は It's available.「利用できます」、つまり「使ってもよい」と答えており適切な応答。(B) は use の音わな、(C) の garage は car から連想しやすい語だ。

....

9. (B) 【TR_DT009】

🇺🇸 Let's see if Yumi wants to join us for lunch. 機能

Yumi が私たちと一緒にランチに行きたいか確認しましょう。

🇨🇦 (A) At the sea. 音
(B) I'm sure she will. 忘
(C) A table for three. 連

(A) 海で。
(B) きっと行きたがると思いますよ。
(C) 3 人の席です。

語注 see if ~: ~かどうかを確認する　table for ~: ~人用のテーブル（席）

解説 「Yumi が行きたいかどうかを確認しよう」という提案に対しては、I'm sure 「きっと~だ」に続けて Yumi の反応を推測している (B) が自然な応答だ。(A) の名詞 sea（海）は設問中の動詞 see と同じ音の音わな。(C) の table は lunch から連想しやすい語だ。

....

10. (A) 【TR_DT010】

🇬🇧 I got us some tickets for the ballet. 平叙

バレエのチケットを買ってきましたよ。

🇦🇺 (A) Are they good seats? 捻 BA
(B) I heard the bell. 音
(C) Unfortunately, they've sold out. 連

(A) 良い席ですか？
(B) 鐘の音が聞こえました。
(C) 残念ながら売り切れてしまいました。

語注 ballet: バレエ　unfortunately: 残念ながら

解説 バレエ公演のチケットを買ったという発言を聞き席の詳細を尋ねている (A) が正解。平叙文の報告に対して詳しい情報を求める質問というのはよくあるパターンだ。(B) の bell は ballet の音わな、(C) の sold out（売り切れ）は tickets からの連想わな。

....

Set 2

11. (C) 　　　　　　　　　　　　　　　　　　　　　　　　【TR_DT011】

🇬🇧 What do you think of the new chairs? **WH短**

新しい椅子についてどう思いますか？

🇺🇸 (A) An aisle seat. **連**

(B) It's a wooden floor. **連**

(C) They're quite comfortable. **BA**

(A) 通路側の席です。
(B) 木製の床です。
(C) とても快適です。

語注 aisle: 通路

解説 What do you think of ~?「～をどう思うか」という質問に、感想を伝えている (C) が適切。英国の発音では chairs の母音が短い。(A) の seat（席）は chairs からの連想わな。(B) も wooden から木製の椅子をイメージした人が引っ掛かる連想わなだ。

．．．

12. (C) 　　　　　　　　　　　　　　　　　　　　　　　　【TR_DT012】

🇦🇺 Did we get a good review, or were they unimpressed? **選疑**

私たちは良い評価を得たのでしょうか、それとも感心していなかったでしょうか？

🇬🇧 (A) I'm glad to hear that. **連**

(B) The views aren't bad. **音**

(C) The latter, I'm afraid. **忘 定 BA**

(A) それはうれしいですね。
(B) 景色は悪くありません。
(C) 残念ですが後者です。

語注 review: 批評、評価　latter: 後者

解説 「A か B か」を問う選択疑問文に the latter（後者）と答えている (C) が適切。ちなみに「前者」ならば the former となる。I'm afraid は「残念ながら」と望ましくない内容を伝えるときの重要表現。(A) は設問中の good review を受けているように見える連想わな、(B) の views は review の音わなだ。

．．．

13. (C) → p.43 　　　　　　　　　　　　　　　　　　　　【TR_DT013】

．．．

14. (B)　　　　　　　　　　　　　　　　　　　　　　　　　**【TR_DT014】**

How many people do we expect to attend our store opening event on Friday? **WH長**

金曜日の開店イベントに何人が出席する見込みですか？

(A) From nine A.M. **冒**
(B) Between 50 and 100. **忘** **BA**
(C) I can accept that. **音**

(A) 午前9時からです。
(B) 50から100の間です。
(C) それは受け入れられます。

語注　expect: ～を見込む　attend: ～に出席する　accept: ～を受け入れる

解説　How many people ~? で「何人か」と尋ねる質問に、およその数を答えている (B) が正解。長い設問文だが、How many が聞き取れれば正解の選択肢は選べるだろう。(A) は冒頭が聞き取れなかった人が引っ掛かる選択肢。(C) は accept が expect の音わなになっている。

....

15. (C)　　　　　　　　　　　　　　　　　　　　　　　　　**【TR_DT015】**

Don't you think we should postpone the barbecue? **否疑**

バーベキューは延期した方がいいと思いませんか？

(A) No, it doesn't.
(B) Yes, I'll order some meat. **連**
(C) Because of the weather? **難** **捻**

(A) いいえ、それは違います。
(B) はい、お肉を注文します。
(C) 天気が悪いから？

語注　postpone: ～を延期する

解説　「延期した方がいいのでは」という否定疑問文に対して理由を聞き返している (C) が自然。このように直接質問に答えずに理由を聞き返すのも、よくある捻った応答パターンの一つだ。(A) は No のあとが I don't. や We shouldn't. なら成立するが、it doesn't. では何を指すのかが不明なため誤り。(B) は barbecue から肉を連想した人向けの連想わなだ。

....

16. (A) → p.38　　　　　　　　　　　　　　　　　　　　　**【TR_DT016】**

....

104

17. (B)　　　　　　　　　　　　　　　　　　　　【TR_DT017】

Would you mind helping me move this desk? 機能
この机を動かすのを手伝ってくれませんか？

(A) Thanks, I appreciate it. 誤
(B) Sure, where should it go? 難
(C) Next to the filing cabinet. 連

(A) ありがとう、感謝します。
(B) もちろん、どこに置きますか？
(C) 書類棚の横に。

語注 appreciate: (好意など) をありがたく思う　filing cabinet: 書類整理棚

解説 Would you mind ~? という丁寧な依頼表現で机の移動の手伝いを頼まれ、Sure「もちろん」と快諾してから机の移動先を聞き返している (B) は自然な応答だ。(A) は設問の前半部分が聞き取れず、依頼の意味を理解できなかった人向けのわな。(C) は desk と cabinet がともにオフィスの備品であることを利用した連想わなだ。

....

18. (C) → p.45　　　　　　　　　　　　　　　　【TR_DT018】

....

19. (C)　　　　　　　　　　　　　　　　　　　　【TR_DT019】

I can park my bicycle here, right? 付疑
ここに自転車を停めてもいいですよね？

(A) I'd take a train. 連
(B) Yes, it's recyclable. 音
(C) There are bike racks near the gate. 捻 BA

(A) 私なら電車にします。
(B) はい、リサイクルできます。
(C) ゲートの近くに自転車置き場がありますよ。

語注 recyclable: リサイクル可能な　bike rack: 自転車置き場

解説 「ここに自転車を停めてもよいか」と付加疑問文で確認しているのに対して、直接答えずに自転車置き場の場所を伝えている (C) が正解。設問中の語の同義語（ここでは bike）を含む選択肢が正解になることもまれにある。(A) は bicycle と同じ交通手段である train を含む連想わな、(B) の recyclable は bicycle に対する音わなだ。

....

20. (B) 【TR_DT020】

🇨🇦 A lot of talented performers will be appearing at the festival. 平叙

このお祭りには、多くの才能あるパフォーマーが出演します。

🇬🇧 (A) I read a review. 連

(B) I'm looking forward to it.
定 捻 BA

(C) I prefer the former. 音

(A) レビューを読みました。
(B) 楽しみにしています。
(C) 私は前者の方が好きです。

語注 talented: 才能のある　appear: 出演する、現れる　look forward to ~: ~を楽しみに待つ　prefer: ~をより好む　former: 前者

解説 祭りの出演者について述べる発言に対して、(B) の「楽しみにしている」という応答は自然。平叙文の報告に対して感想を述べるパターンだ。(A) は talented performers から雑誌などでのレビューを連想した人向けのわな。(C) の former は performer の後半と音が同じ引っ掛けだ。

Set 3

21. (C) → p.35 【TR_DT021】

....

22. (C) → p.51 【TR_DT022】

....

23. (B) → p.53 【TR_DT023】

....

24. (C) 【TR_DT024】

They don't usually allow people to play the instruments, do they? 付疑

楽器を演奏することは、通常は許されていませんよね？

(A) It was an exciting game. 連

(B) I bought tickets. 連

(C) No, only the display models. 難

(A) 興奮する試合でした。

(B) チケットを購入しました。

(C) はい、展示されているモデルだけ（可能）です。

語注 instrument: 楽器　display: 展示（品）

解説 楽器の演奏が許されていないことを確認する付加疑問文の質問に対して、No（許されていません）と答え、「展示されているモデルだけ（は演奏が許されている）」と加えている (C) が自然な応答。No, they allow people to play only the display models. を省略した形だ。(A) は play から、(B) は「楽器の演奏」から連想しやすい内容。

....

25. (A) 【TR_DT025】

Has he been on the board of directors for long? YN

彼は長く取締役を務めているのですか？

(A) Only a year or two. 難 BA

(B) I read the directions. 音

(C) They meet on Fridays. 連

(A) まだ 1 年か 2 年です。

(B) 説明書を読みます。

(C) 彼らは毎週金曜日に集まっています。

語注 board of directors: 取締役会　direction: 説明（書）

解説 「取締役を長く務めているか」と問われて、それほど長くない年数を答えている (A) が正解。(B) は directions が directors（取締役、重役）の音わな、(C) は board of directors から会議のスケジュールについての会話を連想した人が選んでしまう選択肢だ。

....

26. (A)　　　　　　　　　　　　　　　　　　　　　　　　　【TR_DT026】

🇨🇦 You exchanged your money for the local currency, didn't you?
付疑

あなたはお金を現地の通貨に両替えしましたよね？

🇦🇺 (A) Yes, I should have enough.
　　難 BA

　　(B) How much was it? **連**

　　(C) I have a change of clothes. **音**

(A) ええ、十分にあるはずです。
(B) いくらだったのでしょうか？
(C) 着替えを持っています。

語注 exchange: ～を両替えする　currency: 通貨　change: 着替え

解説 現地通貨に両替えしたことを確認する付加疑問文に対して、(A) は肯定して
から「十分な額の現地通貨を持っていると思う」と続けており、自然な応答。(B)
は「通貨」から連想しやすい内容で、(C) の change は exchanged の音わな。
また、change は多義語で「硬貨、小銭」という意味もあるため、一層魅力的な
選択肢になっている。

· ·

27. (B)　　　　　　　　　　　　　　　　　　　　　　　　　【TR_DT027】

🇦🇺 Did you rearrange the furniture, or did Karen do it? **選疑**

家具の配置を変えたのはあなたですか、それとも Karen がやったのですか？

🇨🇦 (A) I'll let her know.

　　(B) I did. **忘 BA**

　　(C) Sofas and chairs. **連**

(A) 彼女に知らせますね。
(B) 私です。
(C) ソファと椅子です。

語注 rearrange: ～を並べ替える　let ~ know: ～に知らせる

解説 「家具を並び替えたのはあなたか Karen か」と尋ねる選択疑問文に対して、「私
です」と答えている (B) が正解。素直な応答だが、選択疑問文の前半を聞き取ら
ないと正解を選ぶのは難しい。(A) の let ~ know は重要表現だが、応答としてか
み合わない。(C) の sofas と chairs は設問の furniture からの連想わな。

· ·

28. (C) 【TR_DT028】

🏳️ Shall we conduct a satisfaction survey? 機能

満足度調査を行いましょうか？

🏴 (A) Fill out this form. 連
    (B) Everything was great. 連
    (C) Not just yet. 誤 定 BA

(A) この書類に記入してください。
(B) すべてが素晴らしかったです。
(C) まだしないでおきましょう。

語注 satisfaction survey: 満足度調査　form: 書類　not just yet: 今はまだしない

解説 「満足度調査を行いましょうか」という提案に対し、(B) の Not just yet.「今はまだしません」という定型表現は自然な応答となっている。conduct（〜を行う）と survey（アンケート、調査）はいずれも頻出語だ。(A) の form は survey から survey form（アンケート用紙）を連想した人向けのわな。(B) はアンケートの記入内容を思わせる文で、「満足度調査」の連想わな。

- -

29. (B) 【TR_DT029】

🏴 Haven't you heard that the theater performance was canceled? 否疑

劇場公演が中止になったのを聞いていないのですか？

🇨🇦 (A) It was wonderful. 連
    (B) I'll ask for a refund. 捻 BA
    (C) They can sell a lot of tickets. 連

(A) 素晴らしかったです。
(B) 返金を申請します。
(C) たくさんのチケットが売れるでしょう。

語注 theater performance: 劇場公演　ask for ~: ~を要求する　refund: 返金

解説 Haven't you heard ~? で「中止になったことを聞いていないのか」と尋ねられて、「返金を申請するつもりだ」と自分がこれから取る行動を伝えている (B) が自然な応答だ。(A) は theater performance の感想を述べる会話を想像した人向けの連想わな、(C) は performance と tickets が連想わなとなっている。

- -

診断テスト

解答・解説

30. (A)　　　　　　　　　　　　　　　　　　　　　　　　　　　【TR_DT030】

🍁 I heard that some of the products have been malfunctioning. 平叙
いくつかの製品が故障していると聞きました。

🇺🇸 (A) We're still investigating it. 難 捻　(A) まだ調査中です。
(B) I attended the function. 音　　　　(B) そのパーティーに参加しました。
(C) They were shipped yesterday. 連　　(C) 昨日、発送されました。

語注 malfunction: 正常に機能しない　investigate: ～を調査する　function: 機能、式
典（パーティー）　device: 装置

解説 製品の不具合に言及する発言に「まだ調査中だ」と応じている (A) が適切。
間接的な応答の典型パターンだ。(B) の function は「機能」の他に「式典（パー
ティー)」という意味がある多義語で、ここでは設問文の malfunctioning の音わな。
(C) は不具合による返品を連想させるわなとなっている。

Set 4

31. (B)　　　　　　　　　　　　　　　　　　　　　　　　　　　【TR_DT031】

🇬🇧 Where are they holding the banquet this year? WH短
彼らは今年、どこで宴会を開くのでしょうか？

🇦🇺 (A) Which bank? 音　　　　　(A) どの銀行ですか？
(B) At the Mayo Hotel. 難 BA　(B) Mayo ホテルで。
(C) In August. 冒　　　　　　　(C) 8 月に。

語注 banquet: 宴会、パーティー

解説 Where で場所が問われているので、ホテルの名前を挙げている (B) が正解。
固有名詞に惑わされずに Hotel を聞き取ろう。(A) の bank は banquet の第 1 音
節と音が同じ引っ掛け、(C) は Where を When と聞き間違えた人向けの選択肢と
なっている。
....

32. (A) → p.36　　　　　　　　　　　　　　　　　　　　　　【TR_DT032】
....

33. (C) 　　　　　　　　　　　　　　　　　　　　　　　　　【TR_DT033】

■ Are you a member of the production crew? **YN**
制作スタッフの方ですか?

■ (A) I remember that. **音**　　　　　　(A) 覚えています。
　 (B) A music video. **連**　　　　　　　(B) 音楽ビデオです。
　 (C) I'm a camera operator. **難** **BA**　(C) 私はカメラオペレーターです。

語注 production: (音楽、演劇などの) 制作、上演　crew: (一緒に仕事をする) チーム、
グループ　operator: オペレーター、操作者

解説 「制作スタッフの方ですか」と尋ねられ「カメラオペレーターです」と自分
の役割を伝えて肯定している (C) が正解。(A) は remember の第 2 音節以降が
member と同じ音になる音わな、(B) は production crew からの連想わなだ。

．．．

34. (A) → p.39 　　　　　　　　　　　　　　　　　　　　　　　【TR_DT034】

．．．

35. (B) 　　　　　　　　　　　　　　　　　　　　　　　　　【TR_DT035】

■ You don't know the security code, do you? **付疑**
あなたは暗証番号を知りませんよね?

■ (A) Pull out the cord. **音**　　　　　(A) コードを抜いてください。
　 (B) I have it here. **難** **BA**　　　　(B) ここに持っていますよ。
　 (C) Keep it in the locker. **連**　　　(C) ロッカーにしまっておいてください。

語注 security code: 暗証番号　cord: コード　locker: ロッカー

解説 付加疑問文で「暗証番号を知りませんよね」と確認され、「ここに持っている」、
つまり「知っている」と述べている (B) が正解。(A) の cord は code の音わな、(C)
の locker は security code から連想しそうな語だ。

．．．

36. (A) → p.48 　　　　　　　　　　　　　　　　　　　　　　　【TR_DT036】

．．．

37. (A)　　　　　　　　　　　　　　　　　　　　　　　　　　　　【TR_DT037】

Could you lend me one of the empty desks from your section?
機能
そちらの部署の空いている机を 1 つ貸してくれますか？

(A) Yes, and you can keep it. **忘** **BA**　(A) ええ、返さなくていいですよ。

(B) Sales and marketing. **連**　　　　　(B) 営業とマーケティングです。

(C) Fill it up. **連**　　　　　　　　　(C) いっぱいにしてください。

語注　section: 部署　keep: 〜をずっと持っておく　sales and marketing: 営業とマー
ケティング（部署名）　fill ~ up: 〜をいっぱいにする

解説　Could you で始まる依頼表現で「貸してもらえないか」と頼まれ、Yes で応
じて「返さなくていいですよ」と付け加えている (A) が正解。(B) の部署名は設問
中の section からの連想わな、(C) の fill は設問中の empty の反義語であることか
ら、こちらも連想わなとなっている。

....

38. (C)　　　　　　　　　　　　　　　　　　　　　　　　　　　　【TR_DT038】

What size of table would you like to order? **WH長**
どのサイズのテーブルを注文したいですか？

(A) Not just yet. **YN**　　　　　　　(A) 今はまだしません。

(B) As long as it's not too expensive.　(B) 高価すぎない限りは。
連　　　　　　　　　　　　　　　(C) 12 人が座れる場所が必要です。

(C) We need to seat 12 people.
難 **捻**

語注　not just yet: 今はまだしない　as long as ~: 〜する限りは　seat: （テーブルなど
に人）を座らせる

解説　What size of ~ は大きさを尋ねる表現。テーブルのサイズを尋ねられ、長さ
を指定している (C) が正解となる。(A) は否定語の not を含む定型表現で、大きさ
を尋ねる疑問文の応答には不適だ。(B) の long は設問文のテーブルのサイズから
「長さ」を連想した人を引っ掛けるわなだ。

....

39. (B) → p.42　　　　　　　　　　　　　　　　　　　　　　　　【TR_DT039】

....

40. (C) 　　　　　　　　　　　　　　　　　　　　　　　　　　【TR_DT040】

🏴 The café offers fresh pastries for takeaway. 平叙

このカフェでは、持ち帰り用の焼きたての菓子パンを提供しています。

🏴 (A) It's pasted on the wall. 音
　　(B) For here, please. 連
　　(C) Let's drop in. 定 捻 BA

(A) 壁に貼ってあります。
(B) 店内でお願いします。
(C) 寄っていきましょう。

語注 pastry: 菓子パン　takeaway: 持ち帰り、テイクアウト　drop in ~: ~に立ち寄る

解説 「焼きたての菓子パンを提供している」という平叙文での報告に、「寄っていこう」と誘っている (C) が適切。drop in ~（~に立ち寄る）は頻出の表現。(A) のpasted は pastries の第1音節と同じ音を含む音わな。(B) の For here, please.「店内でお願いします」は takeaway の反対の意味で連想わなになっている。

Set 5

41. (B) 　　　　　　　　　　　　　　　　　　　　　　　　　　【TR_DT041】

🇺🇸 Which store do you use for stationary supplies? WH短

文具の備品を買うのにどの店を使っていますか？

🇨🇦 (A) It was a surprise. 音
　　(B) We buy most of them online. 難
　　(C) Check the storage cabinet. 連

(A) 驚きました。
(B) ほとんどネットで買います。
(C) 収納棚を確認してください。

語注 stationary: 文具　supply: 在庫、備蓄　storage cabinet: 収納棚

解説 「どの店を使っているか」という問いに、具体的な店名は挙げずに「ネットで」と答えている (B) が正解。(A) の surprise は supplies の音わな。(C) は supplies が置いてありそうな storage cabinet に言及した連想わな。

42. (B)　　　　　　　　　　　　　　　　　　　　　　　　【TR_DT042】

How many were in the audience at last night's performance? **WH長**

昨晩の公演の聴衆は何人でしたか？

(A) They performed twelve songs. **音 冒**

(B) We sold about six hundred tickets. **捻 BA**

(C) That was the last night. **音**

(A) 12 曲演奏しました。
(B) 約 600 枚のチケットを売りました。
(C) それは昨晩でした。

語注 audience: 聴衆

解説 聴衆の数を尋ねる質問に、売れたチケットの枚数を答えている (B) は間接的だが自然な応答だ。(A) は performance からの連想わな、(C) は設問文にある last night を含む音わなだ。

....

43. (C)　　　　　　　　　　　　　　　　　　　　　　　　【TR_DT043】

Does Mr. Jones usually attend company social events? **YN**

Jones さんはいつも会社の親睦会に参加していますか？

(A) You don't have time. **連**

(B) He uses it now and then. **音**

(C) We rarely see him. **難 捻 BA**

(A) あなたには時間がありません。
(B) たまに使うそうです。
(C) ほとんど見かけません。

語注 social event: 社交的な催し　rarely: めったに～ない　now and then: 時々、たまに

解説 「Jones さんはいつも会社の親睦会に参加していますか」という質問に「（私たちは彼を）ほとんど見かけません」、つまり「めったに参加していないはずだ」と示唆している (C) が正解。(B) は uses が usually の音わなとなっている。now and then は「時々、たまに」という定型表現だ。

....

114

44. (A) 【TR_DT044】

🏴 Can you go and get the portable projector for me? 機能

携帯プロジェクターを取りに行ってもらえますか?

🍁 (A) Where is it? 稔 BA

    (B) Just one table? 音

    (C) You're welcome. 誤 定

(A) どこにあるの?
(B) 1 卓だけですか?
(C) どういたしまして。

語注 projector: プロジェクター

解説 「プロジェクターを取りに行ってもらえないか」という依頼に対して、どこにあるかを尋ねている (A) が適切な応答。詳細な情報を聞き返すのは定番の応答パターンの一つだ。(B) の table は portable の後半と音が似ている音わな。(C) の You're welcome. はお礼に対する返答なので話がかみ合わない。

....

45. (C) 【TR_DT045】

🍁 Aren't the engineers going to meet us at the construction site?
否疑

エンジニアは建設現場で私たちに会うのではないですか?

🇺🇸 (A) The engine was repaired. 音

    (B) Some of the sights. 音

    (C) Yes, they're already there. 忘 難

(A) エンジンは修理されました。
(B) いくつかの観光スポットです。
(C) もうそこにいますよ。

語注 construction site: 建設現場　sight: 名所

解説 「建設現場で会うのではないか」と確認され、「すでにそこにいる」と答えている (C) が正解。否定疑問文に対しては肯定（会う）なら Yes、否定（会わない）なら No で答えるが、混乱しやすいので Yes ／ No は無視して考えるのが得策だ。(B) の sights は site、(A) の engine は engineers と一部の音が同じ音わな。

....

46. (B) 【TR_DT046】

🇬🇧 You depart early tomorrow morning, don't you? 付疑
あなたは明日の朝早く出発するんですよね？

🇦🇺 (A) In the furniture department. 音
   (B) I'm taking the first train. BA
   (C) I woke up in time. 連

(A) 家具売り場です。
(B) 始発の電車で行きます。
(C) 間に合う時間に起きました。

語注 depart: 出発する　department: 売り場　first train: 始発電車　in time: 間に合って

解説 付加疑問文の「早く出発するんですよね」という確認に、「始発の電車で行きます」と具体的な情報を伝えている (B) が正解。(A) の department は depart の音わな、(C) は depart early「早く出発する」から連想しやすい応答だ。

....

47. (A) → p.49 【TR_DT047】

....

48. (C) → p.47 【TR_DT048】

....

49. (A) 【TR_DT049】

🇬🇧 Few of the applicants were qualified for the position. 平叙
応募者の中でその職に適任な人はほとんどいませんでした。

🇺🇸 (A) Let's advertise again.
       難 捻 BA
   (B) That's great news. 連
   (C) Try another application. 音

(A) また広告しましょう。
(B) 素晴らしいニュースですね。
(C) 別のアプリケーションを試してみて。

語注 applicant: 応募者　qualified for ~: ~に適任の　position: 職　application: アプリケーション、申し込み

解説 否定表現の few（ほとんどいない）を用いて「応募者の中に適任者がほとんどいなかった」と報告しているのに対し、(A) は問題の解決策を提案しており応答として適切。(B) は few が否定表現だと気付かなかった人が qualified（適任な）だけを聞き取って選んでしまう選択肢。(C) の application は applicants の音わなだ。

....

50. (C) 【TR_DT050】

🇺🇸 We need to be in San Francisco by nine A.M. to prepare for the seminar. 平叙

セミナーの準備のために午前9時までに San Francisco に行かなければなりません。

🇦🇺 (A) Four or five. 連
    (B) On customer service. 連
    (C) What time should we leave here? 忘 捻 BA

(A) 4時か5時です。
(B) 顧客サービスについてです。
(C) 何時にここを出ればいいですか？

語注 customer service: 顧客サービス

解説 「午前9時までに着かなければならない」という平叙文の発言に、「（間に合うためには）何時に出発すればよいのか」と尋ねている (C) が自然な応答だ。(A) は時刻に絡めた連想わな、(B) はセミナー（seminar）のトピックになりそうな内容の連想わなだ。

Set 6

51. (B) 【TR_DT051】

🇨🇦 Who's in charge of the product demonstration? WH短

商品の実演販売の責任者は誰ですか？

🇺🇸 (A) About twenty five dollars. 連
    (B) That'll be Jeff. 定
    (C) At a convention center. 連

(A) 約25ドルです。
(B) それは Jeff ですね。
(C) 会議場で。

語注 in charge of ~: ~の責任者で　product: 商品、製品　demonstration: 実演販売　convention center: 会議場

解説 設問文は Who's で始まり「誰が」と尋ねる質問だ。in charge of ~ は「~の担当で」という頻出の熟語。これに対して Jeff と名前を挙げて答えている (B) が正解となる。(A) は charge から料金の話題を想像した人が選んでしまう連想わな、(C) は実演販売がよく行われる場所を含む連想わなだ。

52. (A) 【TR_DT052】

What time would you like me to be here tomorrow? **WH長**
明日、私は何時に来たらいいですか？

(A) Just be ten minutes early. **BA**
(B) It's his first time here. **音**
(C) Yes, please. **冒 YN**

(A) 10分だけ早くしてください。
(B) 彼がここに来るのは初めてです。
(C) はい、どうぞ。

解説 What time~? で「何時に来たらいいか」と尋ねる質問に、「10分だけ早くしてください」と答えている (A) ならば応答としてかみ合っている。(B) の time は音わな。first time は「最初の経験」という意味だ。WH疑問文に対する答えとして (C) のような Yes や No で始まる応答は誤り。

---

53. (B) → p.37 【TR_DT053】

---

54. (A) 【TR_DT054】

Should I let Paula Gibson know that she's got the job? **YN**
Paula Gibson に採用されたことを知らせましょうか？

(A) Why not? **定 BA**
(B) Does she know? **音**
(C) Just yesterday.

(A) そうしましょう。
(B) 彼女は知っていますか？
(C) 昨日そうなったばかりです。

語注 let ~ know: ~に知らせる

解説 「採用されたことを知らせようか」という問い掛けに対して、「そうしよう」と言っている (A) が自然な応答。Why not? は「ぜひそうしよう、もちろん」という意味の定型表現だ。(B) は know が音わなとなっている。

55. (C)　　　　　　　　　　　　　　　　　　　　　　　　　【TR_DT055】

Won't the result of the cooking contest be announced today? 否疑

料理コンテストの結果は今日発表されないのですか？

(A) That's too much salt. 連
(B) Can I have the recipe? 連
(C) I hope we win. 忘 捻

(A) 塩が多すぎますよ。
(B) レシピをもらえますか？
(C) 勝てるといいのですが。

解説「結果は今日発表されないのか」という意味の質問に「（われわれが）勝てるといいのだが」と応じている (C) が自然な応答。話し手がコンテストに参加していたかどうかは設問文からは判断できない難問だ。(A) と (B) はともに cooking のイメージから選んでしまいやすい連想わな。

....

56. (A) → p.44　　　　　　　　　　　　　　　　　　　　　　【TR_DT056】

....

57. (B)　　　　　　　　　　　　　　　　　　　　　　　　　【TR_DT057】

Should we offer them a discount, or wait for them to ask for one? 選疑

割引を提供するべきでしょうか、それとも先方からの要求を待つべきでしょうか？

(A) It's taking too long. 連
(B) Let's bring it up at the meeting.
　　忘 定 捻 BA
(C) A lower price. 連

(A) 時間がかかりすぎです。
(B) 会議で話題にしましょう。
(C) より低い価格です。

語注 discount: 割引　bring up: (議題など) を持ち出す

解説 選択疑問文で割引の提供について相談され、「会議で話題にしよう」と応答している (B) が適切。こうした即答を避ける応答は頻出パターンの一つ。(A) の taking too long と (C) の lower price はそれぞれ wait と discount からの連想わなだ。

....

58. (A) → p.41　　　　　　　　　　　　　　　　　　　　　　【TR_DT058】

....

59. (B) 【TR_DT059】

🇬🇧 I've decided to sell my house. 平叙

私は家を売ることにしました。

🇺🇸 (A) In the city. 連

    (B) Do you need somewhere larger?
      捻 BA

    (C) They're on sale now. 音 連

(A) 街中で。
(B) もっと広い家が必要なんですか？
(C) 今、販売中です。

語注　on sale: 販売中で

解説　「家を売ることに決めた」という報告に対して、「もっと広い場所が必要なんですか」とその理由を尋ねている (B) が自然な応答。(A) はどこに家を買うかという会話を想像した人には魅力的。(C) の sale は sell の音わなでもあり、連想のわなでもある。

⋯⋯⋯

60. (A) 【TR_DT060】

🇨🇦 I hope we don't run out of funds for this project. 平叙

このプロジェクトの資金が不足しなければいいんですが。

🇦🇺 (A) The budget isn't that tight.
      捻 BA

    (B) It was a lot of fun. 音

    (C) Everyone's been training hard.
      連

(A) 予算はそれほど厳しくありませんよ。
(B) 楽しかったですね。
(C) みんな一生懸命練習しています。

語注　run out of ~: ～が不足する　fund: 資金　budget: 予算　tight: きつい、厳しい

解説　平叙文で「資金が不足しなければいいのだが」と懸念を伝えている。それに対して「予算はそれほど厳しくない（ので心配する必要はない）」となだめている (A) ならば話がかみ合う。(B) は lot of fun が out of funds の音わな、(C) には設問中の run からトレーニングを連想させるわなが仕組まれている。

⋯⋯⋯

Set 7

61. (B) 　　　　　　　　　　　　　　　　　　　　　　　　【TR_DT061】

Why is the cafeteria closed today? **WH短**

なぜ今日はカフェテリアが閉まっているのですか？

(A) At around five P.M. **冒**

(B) Because it's being renovated. **難 BA**

(C) Sure, why not? **音 YN**

(A) 午後5時ごろです。
(B) 改修中だからです。
(C) もちろん、いいですよ。

語注 renovate: 〜を改修する

解説 カフェテリアが閉まっている理由を尋ねられ、「改装中だから」と理由を述べている (B) が適切。it's being renovated は現在進行形の受動態で、今まさに改修されている最中だという意味になる。(A) は冒頭の Why を聞き逃した人向けのわな。(C) の why は音わな。また、文頭の「はい、もちろん」という意味の Sure は Yes とほぼ同じ意味で、WH 疑問文の応答には適さない。

- -

62. (A) 　　　　　　　　　　　　　　　　　　　　　　　　【TR_DT062】

How long did you say this movie was? **WH長**

この映画はどれくらいの長さだと言いましたっけ？

(A) Eighty-eight minutes. **忘 BA**

(B) It wasn't expensive. **冒**

(C) Just over there. **冒**

(A) 88分です。
(B) 高くありませんでした。
(C) すぐそこです。

語注 over there: あそこに

解説 「映画の長さ」を尋ねる質問に対して、具体的な数字で答えている (A) が正解。(B) と (C) は設問文冒頭の How long をそれぞれ How much、How far と勘違いした人にとって魅力的な選択肢だ。

- -

63. (B) 【TR_DT063】

🇨🇦 Have you ever used Diesel Printing Company? **YN**

Diesel 印刷会社を利用したことがありますか？

🇬🇧 (A) No, you're absolutely right.

(B) Yes, but I wasn't happy with the quality. **BA**

(C) In color this time? **連**

(A) いいえ、まったくその通りです。

(B) ええ、でも品質に満足できませんでした。

(C) 今回はカラーで？

語注 printing: 印刷　absolutely: まったく　be happy with ~: ~に満足している

解説 「Diesel 印刷会社を利用したことがあるか」という質問に対し、Yes で肯定してからその会社への不満を述べている (B) が正解。(A) の absolutely は「まったく」という意味の強調の副詞。質問に対して「まったくその通りだ」と同意するのは不自然なので (A) は誤り。(C) は Printing からの連想わなだ。

....

64. (C) 【TR_DT064】

🇦🇺 Will you be dining alone this evening? **YN**

今晩はお一人で食事をされますか？

🇬🇧 (A) I don't need a loan. **音**

(B) The chicken, thanks. **連**

(C) I'm expecting a friend. **難** **BA**

(A) ローンは不要です。

(B) チキンにします、ありがとう。

(C) 友達が来るのを持っています。

語注 dine: 食事をする　loan: ローン　expect: （人や物）が来るのを待つ

解説 「一人で食事をするのか」と尋ねられ、「友達が来るのを待っている」と否定している (C) が正解。(A) の loan は alone の最初の弱い母音がなくなっただけの音わな、(B) の chicken は設問文の dining からの連想わな。

....

122

65. (A) 　　　　　　　　　　　　　　　　　　　　**【TR_DT065】**

🇬🇧 Doesn't Ms. Whitehall live near you? 否疑

Whitehall さんはあなたの近くに住んでいませんか？

🇦🇺 (A) She's a neighbor. BA

(B) That's nice.

(C) Can you hear me now? 音

(A) 彼女は隣人です。
(B) いいですね。
(C) 今、私の声が聞こえますか？

解説 否定疑問文で「Whitehall さんは近くに住んでいないのか」と確認され、「隣人だ」と答えている (A) が自然な応答。(A) の She's a neighbor. の直後に (B) のThat's nice. を聞くと、会話が成り立っていると錯覚して (B) を選んでしまうことも。出題者（ETS）が意図しているかどうかは不明だが、このように選択肢そのものが引っ掛けになってしまうこともある。(C) は near と hear の音わな。

. . . .

66. (B) 　　　　　　　　　　　　　　　　　　　　**【TR_DT066】**

🇺🇸 They haven't announced the winner of the contest yet, have they? 付疑

コンテストの優勝者はまだ発表されていませんよね？

🇨🇦 (A) The judges have been chosen. 連

(B) We're still waiting. 稔

(C) I'm happy for you. 連

(A) 審判は選ばれました。
(B) 私たちはまだ待っています。
(C) 良かったですね。

語注 announce: 〜を発表する　judge: 審判

解説 付加疑問文で優勝者が発表されていないことを確認され、「私たちはまだ待っています」と言うことで間接的に「発表はまだだ」と答えている (B) が正解。(A)は contest という語から連想される内容。(C) はコンテストの優勝者（winner）に祝いの言葉を述べる場面を想像した人向けの連想わな。

. . . .

67. (A) → p.40 　　　　　　　　　　　　　　　　　**【TR_DT067】**

. . . .

68. (B) 　　　　　　　　　　　　　　　　　　　　　　　【TR_DT068】

🇨🇦 Would you be interested in joining our book club? 機能

読書サークルに参加してみたいと思いますか？

🇦🇺 (A) Mostly fiction books. 音 連
　　 (B) Sounds like fun. 誤 定 捻 BA
　　 (C) Fifty members. 連

(A) 主にフィクションの本です。
(B) それは楽しそうですね。
(C) 50人の会員です。

語注 fiction: フィクション

解説 Would you be interested in ~?「〜に興味があるか」はクラブへの勧誘を意図した疑問文。それに対して「それは楽しそうですね」と応じている (B) が応答として適切。book club は Part 2 にしばしば登場する話題だ。(A) は book からの音わな、連想わなで、(C) は book club からの連想わなだ。

··

69. (C) → p.52 　　　　　　　　　　　　　　　　　　　　　【TR_DT069】

··

70. (B) 　　　　　　　　　　　　　　　　　　　　　　　【TR_DT070】

🇺🇸 I'll run the advertisement for a whole week. 平叙

まる一週間広告を出します。

🇨🇦 (A) In the newspaper. 連
　　 (B) How much will that cost? 捻
　　 (C) Running is popular. 音

(A) 新聞で。
(B) いくらかかるんですか？
(C) ランニングは人気があります。

語注 run:（広告など）を掲載する

解説 「広告を出す」という平叙文の報告に対して、その費用を尋ねる (B) なら会話が成り立つ。平叙文の発言に対しては、このように質問で返すパターンも多い。ここでの run は「（広告など）を掲載する」という意味。(A) は広告媒体となり得る newspaper を含む連想わな、(C) の Running は run の音わなだ。

··

Set 8

71. (C) 　　　　　　　　　　　　　　　　　　　　　　　　　　【TR_DT071】

How does the weather forecast look? **WH短**

天気予報はどうですか？

(A) Whether you like it or not. **音**
(B) On podcasts. **音**
(C) You'll need an umbrella. **捻 BA**

(A) 好きでも嫌いでも。
(B) ポッドキャストで。
(C) 傘が必要になるでしょう。

語注 weather forecast: 天気予報

解説 「天気予報はどうか」と尋ねられ、(C) は「傘が必要になりそう」と答えて「天気が悪くなる予報だ」と間接的に伝えている。(A) の接続詞 whether（〜かどうか）は weather と発音が同じ、(B) の podcast（ポッドキャスト）は forecast と第2音節の発音が同じで、どちらも音わなになっている。

. . . .

72. (B) 　　　　　　　　　　　　　　　　　　　　　　　　　　【TR_DT072】

How many vehicles can you fit in the new parking garage?
WH長

新しい駐車場には何台の車を停められますか？

(A) A lot of trees and grass. **連**
(B) The same number as in the old one. **定 捻 BA**
(C) There's a fitting on Monday. **音**

(A) 多くの木や芝生です。
(B) 前のと同じ台数です。
(C) 試着は月曜日です。

語注 fit: 〜を納める、入れる　fitting: 試着

解説 駐車場の収容台数を問われて「前の（駐車場）と同じ数」と答えている (B) が自然な応答。vehicle は頻出語で、h は発音されない。(A) は parking（駐車場）から公園（park）の風景を想像させる連想わな。(C) の fitting は音わなで、ここでは「試着」という意味だ。

. . . .

診断テスト　解答・解説

73. （B） 【TR_DT073】

Will you be attending any concerts while you're in London? **YN**

London 滞在中にコンサートに行きますか？

(A) You can reserve tickets online. **連**

(B) Of course we will. **忘 BA**

(C) I read a review. **連**

(A) オンラインでチケットを予約できます。

(B) もちろんそうするつもりです。

(C) レビューを読みました。

語注 reserve: 〜を予約する　review: 批評、評価

解説 「London 滞在中にコンサートに行くのか」と尋ねられ、「もちろん」と肯定している (B) が適切。(A) と (C) には tickets や review などコンサートに関係がありそうな単語が含まれているが、質問とはかみ合わない。長い設問文だが、前半が聞き取れていれば while 以降は聞き取れなくても正解できる。

74. （C） 【TR_DT074】

Hasn't Ms. Winter announced her replacement yet? **否疑**

Winter さんは後任をまだ発表していないのですか？

(A) I heard that, too. **連**

(B) I don't know the exact place. **音**

(C) We're still waiting. **捻 BA**

(A) それは私も聞きました。

(B) 正確な場所はわかりません。

(C) まだ待っています。

語注 replacement: 後任者　exact: 正確な

解説 否定疑問文で、「後任はまだ発表されていないのか」と尋ねられ、「まだ待っている」と言うことでそれを肯定している (C) が適切。「まだ待っている」は捻った応答の定番だ。(A) は設問文の announced から「聞きました」が自然に聞こえて選びたくなる選択肢。(B) の place は replacement の第 2 音節と発音が同じ音わなだ。

75. (B) 【TR_DT075】

🇨🇦 They've been working on this road for a few weeks now, haven't they? 付疑

彼らはもう数週間もこの道路の工事をしていますよね。

🇺🇸 (A) A construction crew. 連
(B) Since last month. 忘
(C) It's loaded now. 音

(A) 建設作業員です。
(B) 先月からです。
(C) もう積まれています。

語注 work on ~: (修理・開発など) に取り組む　construction: 建設　load: ~を積む

解説 「もう数週間も工事をしていますよね」と付加疑問文で同意を求めているのに対して、「先月からです」と応じている (B) が自然な応答だ。(A) は道路工事に関係がありそうな construction という単語を含む連想わな、(C) は load の過去分詞 loaded が road の音わなだ。

⋯⋯⋯⋯⋯⋯⋯⋯⋯⋯⋯⋯⋯⋯⋯⋯⋯⋯⋯⋯⋯⋯⋯⋯⋯⋯⋯⋯⋯⋯⋯⋯⋯

76. (A) 【TR_DT076】

🇦🇺 Did we get the contract, or are they using someone else? 選疑

私たちが契約を取れたのでしょうか、それとも他の人を使うのでしょうか?

🇨🇦 (A) They chose us. 忘 難 BA
(B) I don't know anyone. 連
(C) Yes, there are a few. 誤

(A) 私たちが選ばれました。
(B) 知り合いはいません。
(C) ええ、いくつかあります。

語注 contract: 契約 (書)

解説 選択疑問文で「契約を取れたのは私たちか、他の誰か」と問われ、「私たちが選ばれた」と応じている (A) が正解。設問中の contract は Part 2 の頻出単語だ。(B) の anyone は someone からの連想わな。選択疑問文の質問に対して Yes や No で始まる応答はかみ合わないので (C) は誤りとなる。

⋯⋯⋯⋯⋯⋯⋯⋯⋯⋯⋯⋯⋯⋯⋯⋯⋯⋯⋯⋯⋯⋯⋯⋯⋯⋯⋯⋯⋯⋯⋯⋯⋯

77. (C) 【TR_DT077】

🇨🇦 Will you stay overnight, or are you going back to Dallas today? （選疑）

一泊するのですか、それとも今日 Dallas に帰るのですか？

🇬🇧 (A) It arrives in the morning. （連）

(B) Black is fine. （音）

(C) I have to return for a meeting. （捻）（BA）

(A) 午前中に到着します。

(B) 黒でいいです。

(C) 会議のために戻らなければいけないのです。

語注 overnight: 泊りがけで

解説 一泊するか帰るかを尋ねる選択疑問文には、「会議があるから」と理由を伝えて間接的に泊まらずに帰ることを伝えている (C) が自然な応答だ。(A) の morning は設問中の overnight からの連想わな。(B) の black は bl が素早く発音され聞き取りづらいため、back の音わなになっている。

78. (A) 【TR_DT078】

🇬🇧 Would you mind dropping these uniforms off at the dry cleaners? （機能）

このユニフォームをクリーニングに出してもらえますか？

🇺🇸 (A) Is this all? （誤）（難）（捻）（BA）

(B) From the hospital. （連）

(C) Much cleaner. （音）

(A) これで全部ですか？

(B) 病院からです。

(C) はるかにきれいです。

語注 drop ~ off: ～を置いていく　dry cleaner: ドライクリーニング店

解説 洗濯物をクリーニングに出すよう頼まれ、(A) は「これで全部か」と暗に依頼を快諾しているので話がかみ合っている。(B) は uniforms から医師や看護師の服装を連想した人向けのわな、(C) は cleaner（形容詞 clean の比較級）が設問中の dry cleaners の音わなになっている。

79. (C)　　　　　　　　　　　　　　　　　　　　　　【TR_DT079】

🇺🇸 Can you remember how we got to Rosen Coffee last time? **YN**

前回 Rosen Coffee にどうやって行ったか覚えていますか？

🇨🇦 (A) I'm not a member. 音
　　(B) I only got one. 音
　　(C) We took a taxi. 忘

(A) 私は会員ではありません。
(B) 1 つしか買っていません。
(C) タクシーで行きましたよ。

解説 Can you remember「思い出せるか」で始まる文だが、実際に問われているのは後半の how we got to ~「どうやって~に行ったか」の部分だ。「タクシーで」と手段を答えている (C) が正解。(A) の member は remember の第 2 音節以降と発音が同じ音わな、(B) も got が音わなになっている。

. . . .

80. (C)　　　　　　　　　　　　　　　　　　　　　　【TR_DT080】

🇦🇺 One of my colleagues used to work for Scranton Auto. **平叙**

私の同僚の一人が以前 Scranton Auto で働いていました。

🇬🇧 (A) It's a long walk. 音
　　(B) I used them, too. 音
　　(C) Is it a good place to work?
　　　　難 捻 **BA**

(A) 遠いです。
(B) 私も使っていました。
(C) いい職場ですか？

語注 colleague: 同僚

解説 同僚の以前の職場がどこかを伝える平叙文の発言に対して、詳細な情報を求める質問を返す (C) が自然な応答。(A) の walk は音が似ている動詞 work、(B) の used（動詞 use の過去形）は設問文の助動詞 used to（かつて~した）の音わなだ。used to は d と t の音がくっつき、一語のように発音される。

. . . .

Set 9

81. (B) 　　　　　　　　　　　　　　　　　　　　　　　　【TR_DT081】

🇬🇧 What's the budget for the advertising campaign? **WH短**

広告キャンペーンの予算はどれくらいですか？

🇨🇦 (A) He saw the commercial yesterday. **連**

(B) About twenty thousand dollars. **難 BA**

(C) Yes, it is. **YN**

(A) 彼は昨日、コマーシャルを見ました。
(B) 約2万ドルです。
(C) はい、そうです。

語注 budget: 予算　commercial: コマーシャル

解説 予算の額を問う質問に対して数字で金額を伝えている (B) が適切。What's the budget まで聞き取れないと質問の理解は難しい。(A) の commercial は advertising campaign（広告キャンペーン）から連想しやすい語だ。WH疑問文に対する応答が Yes や No で始まることはないので、(C) は誤り。

82. (C) 　　　　　　　　　　　　　　　　　　　　　　　　【TR_DT082】

🇺🇸 What time will the shareholders meeting finish tonight? **WH長**

今晩、株主総会は何時に終わりますか？

🇦🇺 (A) Sure, I'll take care of it. **YN**

(B) They hold really well. **音**

(C) Around nine o'clock. **定 BA**

(A) いいですよ、処理しておきます。
(B) それらはとても耐久性が高いです。
(C) 9時ごろです。

語注 shareholder: 株主　take care of ~: ~に対応する

解説 時間を尋ねる質問におよその時刻を答えている (C) が最も自然な応答。(A) の Sure は Yes と同様肯定の意味を持つので、WH疑問文の応答には適さない。(B) の hold は設問の shareholders と共通の音を含んでいる音わな。なお、shareholder meeting（株主総会）は頻出トピックだ。

83. (B)　　　　　　　　　　　　　　　　　　　　　　　　　【TR_DT083】

Won't you be flying to Seattle this time? 否疑

今回は Seattle に飛行機で行かないのですか？

(A) I don't eat fried food. 音

(B) I decided to drive. BA

(C) It's two-thirty there now. 連

(A) 揚げ物は食べません。
(B) 車で行くことにしました。
(C) 今、そこは 2 時半ですよ。

解説 「飛行機で行かないのか」と否定疑問文で確認され、「車で行くことにした」と応じている (B) が自然。(A) の fried は設問中の flying との音わな。(C) の時刻は設問中の time からの連想わなだ。

....

84. (C)　　　　　　　　　　　　　　　　　　　　　　　　　【TR_DT084】

Isn't the gallery closed on Sundays? 否疑

このギャラリーは日曜日は休みではないのですか？

(A) It's pretty hot.

(B) Yes, I'll open the door. 連

(C) It's a special event. 捻 BA

(A) かなり暑いですね。
(B) はい、私がドアを開けます。
(C) 特別なイベントです。

解説 「日曜日はギャラリーは休みではないのか」と否定疑問文で意外そうに尋ねている。それに対して、「特別なイベントです」と開いている理由を説明している (C) が自然な応答だ。(A) はまったく関連のない情報。(B) の open は設問文の closed の反義語で連想わなとなっている。

....

85. (A)　　　　　　　　　　　　　　　　　　　　　　　　　【TR_DT085】

🇬🇧 The carrying capacity of this van is quite large, isn't it? 付疑

このバンの積載量はかなり大きいですよね？

🇺🇸 (A) Yes, we should be able to finish it in one trip. 難 BA

(B) Very quiet. 音

(C) From the dealership. 連

(A) はい、一回の出張で終えられるでしょう。

(B) とても静かです。

(C) 販売代理店からです。

語注 capacity: 容量、収容能力　dealership: 販売代理店

解説 設問文はバンの積載量が大きいことを付加疑問文で確認している。それを Yes で肯定してから「（大きいバンなので）一回で終わらせられるだろう」と付け加えている (A) が応答として自然だ。(B) の quiet は quite の音わな、(C) の dealership は van から自動車販売店を連想した人向けのわなだ。

....

86. (B)　　　　　　　　　　　　　　　　　　　　　　　　　【TR_DT086】

🇺🇸 Did you file the documents, or did I? 選疑

その書類はあなたが保管したんでしたっけ、それとも私でしたっけ？

🇨🇦 (A) Sure thing. 定

(B) I don't remember, either. 捻

(C) Some contracts. 連

(A) いいですよ。

(B) 私も覚えていません。

(C) いくつかの契約です。

語注 file: (書類など) を保管する　document: 書類　contract: 契約 (書)

解説 選択疑問文で「あなたと私のどちらが書類を保管したのか」と問われている。それに対して「覚えていない」と答えている (B) が自然な応答だ。(A) の Sure thing.「いいですよ、もちろん」は同意の表現なので、選択疑問文の応答には不適。(C) の contracts は documents から連想しやすい語だ。

....

132

87. (B) 【TR_DT087】

Let's leave early to avoid the heavy traffic. 機能
渋滞を避けるために早めに出発しましょう。

(A) It's right here.
(B) Good idea. 定 BA
(C) We should sweep up any leaves. 音

(A) ここにあります。
(B) いい考えですね。
(C) 落ち葉を掃かなければいけません。

語注 heavy traffic: 渋滞　sweep up: 掃き掃除をする

解説 Let's ~.「～しましょう」で提案をされて、Good idea.「いい考えですね」と賛成している (B) が適切。このような定番の応答のストックを増やしておくと素早く正解を選ぶことができる。(A) はまったく関連のない情報。(C) の leaves（名詞 leaf「葉」の複数形）は語尾の s 以外は設問中の動詞 leave と発音が同じ音わなだ。

. . . .

88. (A) 【TR_DT088】

Can I get a product sample to take back with me? YN
持ち帰れる商品サンプルをいただけますか？

(A) I'm afraid we don't give them out. 誤 定
(B) The price is coming down. 連
(C) I'm glad you did.

(A) 残念ながらお配りしていないんです。
(B) 値段が下がってきていますね。
(C) そうしてくれてうれしいです。

語注 I'm afraid ...: 残念ながら…　give ~ out: ～を配布する

解説 Can I get ~?「もらうことはできるか」で「商品のサンプルをもらえるか」と尋ねているのに対して、I'm afraid ~「残念ながら～」を用いて相手の要望に添えないことを伝えている (A) が正解。(B) は sample は通常無料であることからの連想わな。(C) は「sample を持ち帰った」と勘違いした人が引っ掛かりそうな選択肢だが、質問とかみ合っていない。

. . . .

診断テスト　解答・解説

89. (C) 　　　　　　　　　　　　　　　　　　　　　　【TR_DT089】

🇨🇦 Some potential customers have asked me to talk to them about our solar panels. 平叙

何人かの見込み客から、当社のソーラーパネルについて話してほしいと頼まれました。

🇬🇧 (A) From the Sales Department. 連 　(A) 営業部からです。

(B) Who's on the panel? 音 　　　　　(B) パネリストには誰がいますか？

(C) Oh, where are they? 忘 捻 BA 　　(C) あら、彼らはどこにいるのですか？

語注 potential customer: 見込み客　Sales Department: 営業部

解説 「見込み客から商品について話してほしいと頼まれた」という報告に、「彼らはどこにいるのか」と質問を返している (C) が正解。「見込み客」は prospective cutomer と言うこともある。(A) は potential customers から Sales Department を連想させるわな、(B) の panel は音わなだ。

. . . .

90. (A) 　　　　　　　　　　　　　　　　　　　　　　【TR_DT090】

🇬🇧 Would you like me to put an advertisement in the newspaper, or will we advertise online? 選疑

新聞広告を出しましょうか、それともインターネットで宣伝しましょうか？

🇦🇺 (A) We could do both. 忘 BA 　　(A) 両方やってもいいですよ。

(B) It's published daily. 連 　　　　(B) 毎日発行されています。

(C) I saw that, too. 連 　　　　　　(C) 私もそれを見ました。

語注 publish: 〜を発行する

解説 「A か、それとも B か」と尋ねる選択疑問文に「両方」と答えるのは定番のパターンの一つ。ここでは「新聞広告を出すか、それともインターネットで宣伝するか」という質問に「両方でもいい」と答えている (A) が正解となる。(B) の published は newspaper からの連想わな、(C) は「広告を見た」という会話を想像した人向けのわなだ。

. . . .

Set 10

91. (C) 【TR_DT091】

When is the next shipment supposed to arrive? **WH短**

次の荷はいつ届くことになっていますか?

(A) Yes, I suppose so. **音 YN**
(B) At the reception desk. **冒**
(C) By Monday, I hope. **難 BA**

(A) ええ、そうだと思います。
(B) 受付で。
(C) 月曜日までに届くといいのですが。

語注 shipment: 積み荷　be supposed to ~: ~することになっている

解説 When で始まる WH 疑問文で「いつ」と問われ、曜日を挙げて答えている (C) が正解。WH 疑問文に Yes や No で答えることはできないので (A) は誤り。suppose（~だと思う）は設問中の supposed の音わな。(B) は When を Where と勘違いすると選びたくなる選択肢。

---

92. (C) 【TR_DT092】

How long will it take for the paint to dry in the breakroom? **WH長**

休憩室のペンキが乾くのにどのくらいかかりますか?

(A) It's not too dry. **音**
(B) Is it still broken? **連**
(C) We can't use it until tomorrow. **捻**

(A) 乾燥しすぎではありません。
(B) まだ故障中ですか?
(C) 明日まで使うことができません。

語注 paint: ペンキ　breakroom: 休憩室

解説 How long will it take ~? で「どれくらい時間がかかるか」を問う質問に、(C) は「明日まで」と期限で答えており会話がかみ合っている。(A) の dry は設問中にも登場する語で音わな。(B) の broken は動詞 break（~を壊す）の過去分詞で、breakroom の前半との引っ掛けを狙う凝った連想わなとなっている。

診断テスト

解答・解説

93. (A)　　　　　　　　　　　　　　　　　　　　　　　　　**【TR_DT093】**

Won't you have one of these cookies I made? 否疑

私の作ったクッキーを１つ食べてくれませんか?

(A) I'd love one. 定 BA

(B) How would you like to pay? 連

(C) I have my keys. 音

(A) ぜひいただきます。
(B) お支払いはどのようにされますか?
(C) 私は鍵を持っています。

解説 Won't you ~? 「～しませんか」の勧誘表現でクッキーを勧められ、「ぜひ」と応じている (A) が正解。I'd (I would) love one は「ぜひ１つ欲しい」という意味の定型表現。(B) はクッキーを買おうとしている場面を想像した人を引っ掛ける連想わな、(C) の keys は cookies の音わなになっている。

· ·

94. (A)　　　　　　　　　　　　　　　　　　　　　　　　　**【TR_DT094】**

Wasn't the recipe for the dish available from the Web site? 否疑

その料理のレシピはウェブサイトで公開されていませんでしたか?

(A) I'll take a look. 定 捻 BA

(B) That's too bad.

(C) Yes, I need some new dishes. 音

(A) 見てみますね。
(B) それは残念です。
(C) はい、新しい皿が必要です。

語注 recipe: レシピ　dish: 料理、皿　available: 利用可能な　take a look: 見てみる、調べる

解説 否定疑問文で「ウェブサイトでレシピが公開されていなかったのか」と尋ねているのに対して、「見てみる」と答えている (A) ならば会話が成り立つ。設問文には残念だと考えられる情報はないので (B) はかみ合わない。(C) の dishes (dish の複数形) は設問中の dish の音わなだ。

· ·

95. (B)　　　　　　　　　　　　　　　　　　　　　　　　　【TR_DT095】

Aren't they selling tickets for the dance performance yet? 否疑

ダンスパフォーマンスのチケットはまだ売っていないのですか？

(A) It was great. 連

(B) No, not until tomorrow. 定 BA

(C) A few big bands. 連

(A) 最高でした。

(B) いいえ、明日までは売り出しません。

(C) いくつかの大きなバンドです。

解説　「まだ売っていないのか」という否定疑問文の問い掛けに、No で否定してから「明日までは売り出さない」と付け加えている (B) が正解。否定疑問文に対する応答は、肯定（売っている）ならば Yes、否定（売っていない）ならば No になるが、混乱しやすいので Yes ／ No の後の情報を聞き取ろう。(A) と (C) は dance performance の連想わなだ。

. . . .

96. (B)　　　　　　　　　　　　　　　　　　　　　　　　　【TR_DT096】

You won't have time to edit these documents today, will you? 付疑

今日はこのドキュメントを編集する時間はないでしょう？

(A) It's an article. 連

(B) I might later. 難 捨 BA

(C) I know what you meant. 定

(A) 記事です。

(B) 後でならあるかもしれません。

(C) あなたの言いたかったことはわかります。

語注　edit: ～を編集する　document: ドキュメント、書類　article: 記事　might: ～かもしれない

解説　付加疑問文の形で確認をしている設問文に対して、「後でなら（時間があるかもしれない）」と応じている (B) が自然。I might の後の have time が省略されている。(A) の article は、edit されるものなので連想わなだ。(C) の what you meant「言いたかったこと」は質問と無関係。

. . . .

診断テスト　解答・解説

137

97. (A)　　　　　　　　　　　　　　　　　　　　　　　【TR_DT097】

Would you like to come to our office, or shall we meet you in Paris? 選疑

弊社にいらっしゃいますか、それとも Paris でお会いしましょうか？

(A) I'm afraid I can't travel. 応 定 捨 BA

(B) For sightseeing. 連

(C) The weather was nice. 連

(A) 残念ながら旅行はできません。
(B) 観光のためです。
(C) 良い天気でした。

語注　I'm afraid ...: 残念ながら… 　sightseeing: 観光

解説　どこで会いたいかを尋ねられ、「旅行はできない」と伝えている (A) が正解。話し手がどこにいるかが不明なため、提案されたどちらかを選んだのか、それとも別の場所を希望しているのかは判断できないが、応答としてはかみ合っている。(B) の sightseeing は Paris からの連想わな、(C) も Paris →旅行→天気を連想した人を引っ掛けるわなだ。

....

98. (B)　　　　　　　　　　　　　　　　　　　　　　　【TR_DT098】

Why don't we ask for a rent reduction before we sign the contract? 機能

契約を結ぶ前に、家賃の値下げをお願いしてみませんか？

(A) I lent her one yesterday. 音

(B) I doubt they'd consider it. 誤 定 難 捨

(C) What is the question? 連

(A) 昨日、彼女に一つ貸しました。
(B) 検討してくれないでしょう。
(C) 質問は何ですか？

語注　rent: 家賃　reduction: 削減　contract: 契約（書）

解説　Why don't we ~? という表現を用い、「家賃の値下げを頼んでみないか」と提案している。それに対して「検討してくれないだろう」と答えている (B) が正解。I doubt ~ は「～（ない）と思う」という意味。(A) の lent は rent の音わな、(C) は ask だけを聞き取った人を引っ掛ける連想わなだ。

....

99. (A) 【TR_DT099】

🇺🇸 Would you make a list of guests in alphabetical order? 機能

招待客リストをアルファベット順で作ってもらえますか？

🇬🇧 (A) Sure, I'll do it right away.
　　定 BA

　　(B) I like it, too.

　　(C) The server is coming. 連

(A) はい、すぐにやります。
(B) 私も好きです。
(C) 店員が来ますよ。

語注 alphabetical order: アルファベット順　right away: ただちに　server: 給仕係

解説 Would you ~? の依頼表現で「リストを作ってもらえるか」と依頼され、「すぐにやる」と快諾している (A) が自然な応答だ。(B) は it が何を指すかが不明で質問とかみ合わない。(C) の server はレストランなどの「給仕係」を指し、設問中の guests や多義語の order（順番、注文）からレストランでの会話を想像した人が選んでしまう連想わなとなっている。

- -

100. (A) 【TR_DT100】

🇦🇺 I'm going to be in Washington on Thursday next week. 平叙

来週の木曜日には Washington に行く予定です。

🇬🇧 (A) Let's meet up for lunch.
　　定 捻 BA

　　(B) He is in London. 連

　　(C) It was nice seeing you.

(A) 会って昼食をご一緒しましょう。
(B) 彼は London にいます。
(C) お会いできてうれしかったです。

語注 meet up:（人に）会う

解説 「来週 Washington に行く」という予定を伝えられて「昼食を一緒に」と誘っている (A) が自然な応答だ。(B) の London は設問中の Washington からの連想わな。(C) の文は過去形で、すでに会った人に対する発言で、設問文とはかみ合わない。(A) の meet up for lunch が耳に残った人は選んでしまうかもしれない。

- -

確認テスト
解答・解説

Check Tests
Answers and Explanations

確認テスト（pp.89 ～ 96）の解答・解説とスクリプトを確認しよう。弱点診断で自分の「弱点」とされた設問パターン、誤答パターンにまた引っ掛かっているところがあれば、そこを重点的に復習しよう。

確認テスト解答・解説

Set 1

1. (A)　　　　　　　　　　　　　　　　　　　　　　　【TR_CT_Set1_01】

🏴󠁧󠁢󠁥󠁮󠁧󠁿 Where's the personnel department?　**WH短**

人事部はどこですか？

🇺🇸 (A) On the third floor.　**BA**
(B) They're having a sale.　**連**
(C) Personal information is kept
securely.　**音**

(A) 3階にあります。
(B) セールを開催しています。
(C) 個人情報は安全に保管されています。

語注　personnel: 人事（部）　department: 部署、デパート　personal information: 個人情報

解説　Where で人事部の場所を尋ねられ、階数を答えている (A) が正解。(B) は設問中の department からデパートでの会話を想像した人向けの連想わなだ。(C) の personal は personnel の音わなだが、アクセントの位置が違う。personal は第1音節、personnel は最後の第3音節に強勢があるので聞き分けよう。

⋯⋯⋯⋯⋯⋯⋯⋯⋯⋯⋯⋯⋯⋯⋯⋯⋯⋯⋯⋯⋯⋯⋯⋯⋯⋯⋯⋯⋯⋯⋯⋯

2. (B)　　　　　　　　　　　　　　　　　　　　　　　【TR_CT_Set1_02】

🇺🇸 Why do the customer service agents carry tablet computers?
WH短

どうして顧客サービス担当者はタブレットコンピューターを持ち歩いているのですか？

🇨🇦 (A) They're all new.　**連**
(B) To show designs to clients.　**難**
(C) He's had a long career.　**音**

(A) すべて新しいです。
(B) デザインを顧客に見せるためです。
(C) 彼には長年のキャリアがありました。

語注　customer service agent: 顧客サービス担当者

解説　タブレットコンピューターを持ち歩いている理由を尋ねているのに対し、「〜のために」という動作の目的を表す to 不定詞で答えている (B) が自然な応答。(A) は「コンピューターが新しいのかな？」と無関係な連想をした人を引っ掛けるわなだ。(C) の career（キャリア）と設問中の carry（〜を運ぶ）は第1音節の音が同じなので引っ掛からないようにしたい。

⋯⋯⋯⋯⋯⋯⋯⋯⋯⋯⋯⋯⋯⋯⋯⋯⋯⋯⋯⋯⋯⋯⋯⋯⋯⋯⋯⋯⋯⋯⋯⋯

3. (B)　　　　　　　　　　　　　　　　　　　　　　　**【TR_CT_Set1_03】**

🇺🇸 Does your supplier charge you weekly or monthly? 選疑

納入業者からの請求は週ごとですか、それとも月ごとですか？

🇦🇺 (A) The shipment will arrive next month. 音

(B) We pay every Friday. 捻 BA

(C) Sixty dollars. 連

(A) 荷物は来月着きます。
(B) 毎週金曜日に支払っています。
(C) 60 ドルです。

語注 supplier: 納入業者　charge:（人）に請求する　shipment: 積み荷

解説 選択疑問文で「納入業者からの請求は週ごとか月ごとか」と問われている。それに対して「毎週支払っている」と答えている (B) が適切。(A) は名詞 month が副詞 monthly（月ごと）の音わな。(C) は charge から金額を尋ねる質問を想像した人が選びたくなる選択肢だ。

. . . .

4. (C)　　　　　　　　　　　　　　　　　　　　　　　**【TR_CT_Set1_04】**

🇦🇺 Don't they have a new exhibit at the museum this week? 否疑

今週、美術館で新しい展示があるのではないですか？

🇬🇧 (A) Did you have a good time? 連

(B) The emergency exit. 音

(C) Yes, they have some Egyptian artifacts. 難 BA

(A) 楽しかったですか？
(B) 非常口です。
(C) はい、エジプトの工芸品があります。

語注 exhibit: 展示（品）　emergency exit: 非常口　artifact: 工芸品

解説 「新しい展示があるのではないか」と尋ねる否定疑問文に対して、(C) のように Yes と肯定してから具体的な展示の内容を伝えるのは自然な流れだ。(A) はもう museum（美術館）に行った人にかける言葉。(B) の exit（出口）と設問中の exhibit は共通の子音を持つ音わなとなっている。

. . . .

確認テスト

解答・解説

5. (C) 【TR_CT_Set1_05】

She's been taking a lot of courses, hasn't she? 付疑

彼女はたくさんの科目を履修していますよね？

(A) It's a large meal. 連
(B) She's been there before. 音
(C) Yes, for her résumé. 難 BA

(A) 量の多い食事です。
(B) 彼女は以前そこへ行ったことがあります。
(C) 履歴書のためにですね。

語注 résumé: 履歴書 course: 授業、（コース料理の）一品

解説 設問文は彼女がたくさんの科目を履修していることを確認する付加疑問文。これに Yes で同意した上でその理由を述べている (C) が正解だ。résumé の強勢は第 1 音節にあり、発音は [rézəmèi]。course には「（コース料理の）一品」という意味もあり、(A) の meal はその連想わなとなっている。

┈┈┈┈┈┈┈┈┈┈┈┈┈┈┈┈┈┈┈┈┈┈┈┈┈┈┈┈┈┈┈┈┈┈┈

6. (A) 【TR_CT_Set1_06】

When is the truck going to be available? WH短

トラックはいつ空きますか？

(A) How's Thursday afternoon? 難
(B) To Boston. 音
(C) Yes, it is. YN

(A) 木曜日の午後はいかがですか？
(B) Boston へ。
(C) はい、そうです。

語注 available: 利用できる

解説 When の疑問文で「トラックがいつ空くか」を問われ、「木曜日の午後はどうか」と相手の都合を聞き返している (A) ならば応答が成り立つ。(B) は When を Where と聞き間違えた人向けのわな。WH 疑問文に対して (C) のような Yes ／ No で始まる応答はかみ合わない。

┈┈┈┈┈┈┈┈┈┈┈┈┈┈┈┈┈┈┈┈┈┈┈┈┈┈┈┈┈┈┈┈┈┈┈

7. (B)　　　　　　　　　　　　　　　　　　　　　　　**[TR_CT_Set1_07]**

🇦🇺 Would you put one of these schedules on each of the tables?
【機能】

このスケジュール表を各テーブルに置いてもらえますか？

🇨🇦 (A) It's after lunch. 【連】　　　　　　(A) 昼食後です。
　　(B) Will there be enough? 【捻】【BA】　　(B) 足りるでしょうか？
　　(C) You're welcome. 【誤】　　　　　　　(C) どういたしまして。

【解説】テーブルにスケジュール表を置くよう頼まれたのに対して、(B) は「十分な数があるのか」と尋ねており話がかみ合っている。schedule の英豪発音は [ʃédʒuːl] で、「シェジュール」のように聞こえるので注意。(C) の You're welcome. は礼を言われたときの返答なので不適切。

. . . .

8. (C)　　　　　　　　　　　　　　　　　　　　　　　**[TR_CT_Set1_08]**

🇺🇸 What time was this food delivered? 【WH長】

この料理は何時に配達されましたか？

🇦🇺 (A) In twenty minutes. 【冒】　　　　(A) 20 分で。
　　(B) A new driver. 【連】　　　　　　(B) 新しいドライバーです。
　　(C) Before I got here. 【BA】　　　(C) 私がここに来る前です。

語注 deliver: ～を配達する

【解説】「何時に配達されたか」と問われ、「私が来る前」と説明している (C) が正解。(A) は How long ~? や How soon ~? で「どれくらい時間がかかるか」と尋ねる質問に対する返答なので不可。(B) は delivered（配達された）の連想わなだ。

. . . .

確認テスト

解答・解説

9. (C)　　　　　　　　　　　　　　　　　　　　　　　【TR_CT_Set1_09】

🏴 Do you want me to go over the contract? 機能
　　私が契約書の内容を確認しましょうか？

🇦🇺 (A) A new projector.　　　　　　　(A) 新しいプロジェクターです。
　　(B) In the conference room. 音　　(B) 会議室にあります。
　　(C) Yes, I'm free this afternoon.　(C) はい、今日の午後は空いています。
　　　　難 BA

語注　go over ~: ~を確認する　contract: 契約（書）　conference: 会議

解説　Do you want me to ~?「私に~してほしいか」という表現で、実際には「~しましょうか」という申し出となっている。それに対して Yes で肯定してから自分の都合を伝えている (C) が自然な応答。(A) は質問にまったく関係のない情報。(B) の conference は contract と第 1 音節の音が同じ音わなだ。

- -

10. (C)　　　　　　　　　　　　　　　　　　　　　　　【TR_CT_Set1_10】

🇦🇺 Let's replace the sofa in the waiting room with this one. 機能
　　待合室のソファをこのソファと取り替えましょう。

🏴 (A) It's good so far. 音　　　　　(A) ここまではいいですね。
　　(B) About four visitors. 連　　　(B) 4 人程度の訪問客です。
　　(C) It's much nicer. 捻 BA　　　(C) その方がずっとすてきですよね。

語注　replace: ~を置き換える、取り替える　so far: これまでのところ

解説　「ソファを取り替えよう」という提案に、「その方がずっとすてきだ」と賛成している (C) なら会話が成立する。(A) の so far は sofa との音わなだが、sofa よりも far がはっきりと発音される。(B) の visitors（訪問客）は waiting room（待合室）からの連想わなだ。

- -

11. (A) 　　　　　　　　　　　　　　　　　　　　　　　　　　【TR_CT_Set1_11】

Where can I find the paints and brushes? **WH短**

ペンキとはけはどこにありますか？

(A) They're in aisle three. **難 BA**　　(A) 3番通路にあります。
(B) It is, isn't it?　　　　　　　　　(B) そうですよね。
(C) I'm at the hardware store. **連**　(C) 工具店にいます。

語注 aisle: 通路　hardware store: 金物店、工具店

解説 Where で場所を尋ねられ、通路の番号を伝えている (A) が正解。店や乗り物の「通路」を表す aisle は、s が発音されないので注意が必要だ。(B) の It is, isn't it?「そうですよね」は場所を尋ねる質問とはかみ合わない。(C) の hardware store はペンキやはけを売っている場所を連想させる引っ掛けの選択肢。

. . . .

12. (B) 　　　　　　　　　　　　　　　　　　　　　　　　　　【TR_CT_Set1_12】

What's going to be discussed at the monthly meeting? **WH短**

月次会議では何について議論されますか？

(A) They're already discounted. **音**　(A) すでに割り引きされています。
(B) Well, the sales figures are down.　(B) ええ、売上高が下がっていますね。
　難 捻 BA　　　　　　　　　　　(C) そうではないと思います。
(C) I doubt it. **定**

語注 figure: 数字

解説 月次会議（monthly meeting）の議題を問われ、売上の不調を指摘してそれが議題になると示唆している (B) が正解となる。距離のある応答で難しい問題だ。sales figures（売上高）は頻出表現。(A) の discounted は discussed の音わな。(C) の I doubt it.「そうではないと思う」は質問が Is it going to be discussed ... ?「これは議論されますか？」であれば正解になり得るが、What の質問にはかみ合わず不適。

. . . .

確認テスト

解答・解説

147

13. (B) 【TR_CT_Set1_13】

Why don't you take a course at the local college? 機能
地元の大学の授業を受講してみてはどうですか？

(A) They're mostly students. 連
(B) Do they have evening classes? 誤
(C) The next carriage is reserved. 音

(A) ほとんどが学生です。
(B) 夜の授業はありますか？
(C) 次の車は予約済みです。

語注 course: 授業　carriage: 車、（電車の）車両　reserve: ～を予約する

解説 Why don't you ~? で「地元の大学で授業を取ってはどうか」という提案を表現している。それに対して「夜の授業はあるか」と質問を返している (B) が適切。設問中の course が classes と言い換えられている。(A) の students は college からの連想わな、(C) の carriage は college の音わなだ。

14. (C) 【TR_CT_Set1_14】

When are we going to inspect the production facility? WH短
生産施設をいつ視察しますか？

(A) They're researching insects. 音
(B) If there's time. 連
(C) Let's visit them on Friday. BA

(A) 彼らは昆虫の研究をしています。
(B) 時間があれば。
(C) 金曜日に訪問しましょう。

語注 inspect: ～を検査する、視察する　production: 生産　facility: 施設、設備　research: ～を研究する

解説 When の疑問文で「いつ査察するか」と尋ねられ、曜日で答えている (C) が正解。(A) の insects（昆虫）は inspect の音わなだ。(B) には time が含まれていて関連がありそうな気がするが、視察するタイミングを問う質問にはかみ合わない。

15. (A)   【TR_CT_Set1_15】

🏴 We're running out of space in the parking lot. **平叙**

駐車場のスペースが足りなくなりそうです。

🏴 (A) More people are driving to work.   (A) 車で通勤する人が増えています。
   定 捻 BA   (B) それほど多くはありません。
                                        (C) 我々には強力なチームがあります。
   (B) Not that many. **連**

   (C) We have a strong team. **連**

語注 run out of ~: ~が不足する   drive to work: 車で通勤する

解説 駐車スペースの不足を報告する発言に、「車で通勤する人が増えている」と
理由を説明している (A) が適切。(B) の Not that many. は run out of ~「~が足
りない」と同じく「多い、少ない」に関連する表現。(C) はスポーツを想像させ
る選択肢で、設問文の running を「ランニング」だととらえた人を引っ掛ける連
想わなだ。

. . . .

16. (A)   【TR_CT_Set1_16】

🏴 Which way is it to the station? **WH長**

駅への道はどちらですか？

🏴 (A) Keep going straight. **定 BA**   (A) まっすぐ行ってください。
                                        (B) ここにいます。
   (B) I'm staying here. **音**   (C) 4 時 30 分の電車に乗ります。

   (C) Get the four-thirty train. **連**

解説 Which way ~? で駅への行き方を尋ねられ、まっすぐ行くよう伝えている (A)
が正解。keep going straight「（そのまま）まっすぐ進む」は定型表現だ。(B) の
staying は station と第 1 音節の音が同じという音わな、(C) は station から駅で
の会話を想像した人を引っ掛ける選択肢。

. . . .

17. (C)　　　　　　　　　　　　　　　　　　　　　　　【TR_CT_Set1_17】

🇨🇦 Has John gotten his computer back from the IT department? **YN**

John はコンピューターを IT 部門から返してもらいましたか？

🇬🇧 (A) He hasn't chosen a model. **連**　　(A) 彼はモデルを選んでいません。

　　(B) Some new software. **連**　　　　　(B) 新しいソフトウェアです。

　　(C) He's still using the one he　　　　(C) 彼は借りたものをまだ使っています。
　　　　borrowed. **捻** **BA**

語注 department: 部署、部門　model: 型、モデル

解説 「コンピューターを返してもらったか」という問い掛けに対し、まだ返却されていないことを間接的に伝えている (C) が正解。(A) の model はコンピューターのモデル（型）を連想させる引っ掛け、(B) の software も computer や IT department と関連がありそうな語を含む連想わなだ。

....

18. (C)　　　　　　　　　　　　　　　　　　　　　　　【TR_CT_Set1_18】

🇬🇧 They'll finish the research project by June, won't they? **付疑**

彼らは 6 月までに研究プロジェクトを終えるんですよね？

🇨🇦 (A) They found it. **連**　　　　　　　(A) 彼らは見つけました。

　　(B) I just bought a new projector　　　(B) 先月新しいプロジェクターを買った
　　　　last month. **音**　　　　　　　　　　ばかりです。

　　(C) That's the plan. **定** **BA**　　　　(C) その予定です。

語注 research: 研究、調査

解説 設問文はプロジェクトの終了時期を付加疑問文で確認している。(C) はそれを定型表現の That's the plan. で「そういう予定だ」と肯定しており、自然な応答。(A) の found（find の過去形）は研究という文脈でよく用いられる語で、連想わなとなっている。(B) の projector は project の音わなだ。

....

19. (A) 　　　　　　　　　　　　　　　　　　　　　　　【TR_CT_Set1_19】

🍁 How are you getting to the gallery this afternoon? **WH短**

今日の午後はどうやってギャラリーに行きますか？

🇺🇸 (A) I'm taking the train. **定**
(B) I got a couple of tickets. **連**
(C) The paintings were wonderful. **連**

(A) 電車で行きます。
(B) 数枚のチケットがあります。
(C) 絵は素晴らしかったです。

語注 a couple of ~: いくつかの〜

解説 How の疑問文で交通手段を尋ねられ、「電車で行く」と答えている (A) が正解。get to ~「〜へ行く」という定型表現が鍵。(B) の tickets と (C) の paintings はいずれも gallery（ギャラリー）からの連想で誤答を誘う引っ掛け選択肢。ticket は concert や museum の連想わなとして登場することも多い。

. . . .

20. (B) 　　　　　　　　　　　　　　　　　　　　　　　【TR_CT_Set1_20】

🍁 How long is the hallway where you'll be putting this carpet? **WH長**

あなたがこのカーペットを敷く廊下はどれくらいの長さですか？

🇬🇧 (A) Just go down the hall. **音**
(B) I haven't measured it. **忘 捻 BA**
(C) A couple of days. **冒**

(A) 廊下をそのまま行ってください。
(B) 私は測っていません。
(C) 数日間です。

語注 hallway: 廊下　hall: 廊下、玄関　measure: 〜を測定する　a couple of ~: いくつかの〜

解説 How long ~? は時間や物の長さを問う疑問文で、ここでは廊下の長さを尋ねている。(B) は「測っていない（のでわからない）」と答えており、会話がかみ合っている。なお、設問文の where は hallway を説明する関係副詞で疑問詞ではないため、場所は問われていない。(A) は hall が設問文の hallway と同じ音を含む音わな、(C) は How long だけを聞いて「時間の長さ」を問われていると勘違いした人が選んでしまう引っ掛けだ。

. . . .

21. (B) 　　　　　　　　　　　　　　　　　　　　　　【TR_CT_Set1_21】

🏴 Who sorted the files in this cabinet? **WH短**

誰がこの戸棚のファイルを整理したのですか？

🇺🇸 (A) Different sorts. **音**

(B) Is there a problem? **難 捻 BA**

(C) Just some cups and plates. **連**

(A) 違う種類です。
(B) 問題がありますか？
(C) コップとお皿だけです。

語注 sort: 〜を整理する、種類

解説 「誰がファイルを整理したか」という質問に、「問題があるか」と聞き返している (B) が正解。質問に質問を返すパターンだ。(A) の名詞 sorts（種類）は設問中の動詞 sorted（〜を整理した）の音わな、(C) は戸棚（cabinet）にしまうものからの連想わな。

....

22. (C) 　　　　　　　　　　　　　　　　　　　　　　【TR_CT_Set1_22】

🇺🇸 The new software has some very impressive features. **平叙**

この新しいソフトウェアには非常に素晴らしい機能があります。

🏴 (A) I pressed the button. **音**

(B) Only formal wear. **音**

(C) It should improve productivity.
　　捻 BA

(A) ボタンを押しました。
(B) 正装のみです。
(C) 生産性が向上するはずです。

語注 impressive: 印象的な、素晴らしい　feature: 機能、特徴　productivity: 生産性

解説 「素晴らしい機能がある」と新しいソフトウェアの感想を平叙文で述べている。(C) は「生産性が向上するはずだ」と述べてそれに暗に賛同しており、自然な応答だ。(A) は impressive と pressed、(B) は software と wear の音わな。

....

23. (B) 　　　　　　　　　　　　　　　　　　　　　【TR_CT_Set1_23】

🇺🇸 Did you know that Mr. Hanson has been promoted to manager? **YN**

Hanson さんが部長に昇進したことを知っていましたか？

🇨🇦 (A) It's a great promotional campaign. **音**

　　(B) Good for him. **定**

　　(C) A few people will apply. **連**

(A) 大規模な販促キャンペーンです。
(B) 良かったですね。
(C) 何人かが応募するでしょう。

語注 promote: ～を昇進させる　manager: 部長　promotional:（販売などを）促進する　campaign: キャンペーン　apply: 応募する

解説 「Hanson さんが昇進したことを知っていたか」という問い掛けに、Good for him.「良かったですね」という定型表現で祝福を述べている (B) が自然な応答だ。(A) の promotional は promoted と同じ音を含む引っ掛け。(C) は求人に関連する話題で昇進（promotion）を連想させるわなだ

----

24. (A) 　　　　　　　　　　　　　　　　　　　　　【TR_CT_Set1_24】

🇨🇦 Can I ask you to explain the ordering procedure? **機能**

注文方法の説明をお願いできますか？

🇦🇺 (A) It's in the manual. **難 捻 BA**

　　(B) In alphabetical order. **音**

　　(C) They should sell well. **連**

(A) マニュアルに書いてあります。
(B) アルファベット順で。
(C) よく売れるでしょう。

語注 procedure: 手順　alphabetical order: アルファベット順

解説 依頼文で注文の手順の説明をしてほしいと請われ、マニュアルを見るよう示唆している (A) が適切。このように直接対応せずに「～に書いてある」「～さんが担当だ」と情報源を伝える応答は頻出パターンの一つ。(B) は order（順番）が ordering（注文）の音わな、(C) は設問文の ordering から何となく商取引のことだろうと思った人を引っ掛ける連想わなだ。

----

25. (A) 【TR_CT_Set1_25】

🇨🇦 Which is faster from here, the train or the bus? 選疑

ここから行くなら電車とバス、どちらが早いですか？

🇬🇧 (A) Definitely the train. 忘 難 BA　　(A) 間違いなく電車です。

(B) That's good to know. 定　　(B) わかって良かったです。

(C) Take North Avenue. 冒　　(C) North Avenue で行ってください。

語注 definitely: 間違いなく、確かに

解説 選択疑問文で「電車かバスか」と尋ねられ、「電車だ」と答えている (A) が正解。このように、選択疑問文では設問文と正解の選択肢に同じ語句が含まれることは珍しくない。(B) の good to know は「それを聞いて安心した」という定型表現。(C) は道順を尋ねられていると解釈した人が選んでしまう冒頭引っ掛けだ。

Set 2

1. (B) 【TR_CT_Set2_01】

🎆 When are you going to hire some more salespeople? WH短

いつ追加の販売員を雇う予定ですか？

🇺🇸 (A) That's high enough. 音　　(A) 高さは十分です。

(B) At the start of spring. BA　　(B) 春の初めごろです。

(C) I bought a few things. 連　　(C) いくつか買いました。

語注 salespeople: 販売員

解説 When で時期を尋ねる質問に、「春の初めごろ」と答えている (B) が適切。(A) は設問中の hire を同音異義語の higher（high の比較級）と誤解した人には魅力的な選択肢だ。(C) は salespeople から「買い物」という連想を誘うわなとなっている。

2. (A) 【TR_CT_Set2_02】

🇨🇦 Who's the keynote speaker at this year's sales conference?
WH短

誰が今年の販売会議の基調講演者ですか?

🇺🇸 (A) I'll check the Web site. **捻**
　　(B) The keys are on the hook. **音**
　　(C) In Seattle, of course. **冒**

(A) ウェブサイトを確認します。
(B) 鍵はフックにかかっています。
(C) もちろん、Seattle で。

語注 keynote speaker: 基調講演者

解説 「基調講演者は誰か」と尋ねる質問に対して、「確認する」と答えている (A) が正解。「確認します」「調べます」は捻った応答の頻出パターンだ。(B) は keys が keynote の音わな。(C) は Who を聞き逃したり Where と勘違いしたりした人が選んでしまう冒頭引っ掛けの選択肢だ。

⋯⋯⋯

3. (C) 【TR_CT_Set2_03】

🇨🇦 How should I take this medication? **WH短**

どうやってこの薬を飲めばいいでしょうか?

🇬🇧 (A) I'm feeling better. **連**
　　(B) Enjoy your holidays. **連**
　　(C) Three times a day after meals.
　　　 難 BA

(A) 具合が良くなりました。
(B) 休日を楽しんでください。
(C) 1 日 3 回、食後です。

語注 medication: 薬

解説 薬の飲み方を質問されて、「1 日 3 回、食後に」と答えている (C) が適切。take medication は「薬を飲む」という意味だ。(A) は medication から病気の話を連想した人向けのわな。(B) は medication を vacation (休暇) と聞き間違えた人が選んでしまいそうな選択肢だ。

⋯⋯⋯

4. (B)　　　　　　　　　　　　　　　　　　　　　　【TR_CT_Set2_04】

Have you seen the headlines on today's newspapers? 🅨🅝

今日の新聞の見出しを見ましたか？

(A) A nice scene. 🔊

(B) What do they say? 難 捻 🅑🅐

(C) They're delivered in the morning. 連

(A) すてきなシーンですね。
(B) 何と書いてあるんですか？
(C) 午前中に配達されます。

語注 headline:（新聞などの）見出し　deliver:〜を配達する

解説 現在完了形で「新聞の見出し（headlines）を見たか」と尋ねている。(B) はそれに直接は答えずに「何と書いてあるか」と聞き返しており、会話が成り立っている。質問に質問で返すパターンだ。(A) の scene は seen の音わな、(C) は newspapers から連想しやすい内容の引っ掛け選択肢。

---

5. (B)　　　　　　　　　　　　　　　　　　　　　　【TR_CT_Set2_05】

What's the deadline for conference registration? 🅦🅗短

会議への登録の締め切りはいつですか？

(A) Max Wills is speaking. 連

(B) January eighth. 難 🅑🅐

(C) Not very often. 冒

(A) Max Wills がスピーチします。
(B) 1月8日です。
(C) それほど頻繁ではありません。

語注 deadline: 締め切り　registration: 登録

解説 What の疑問文だが「時」を尋ねている。それに日付で答えている (B) が応答として適切。What だけでなく、その後の deadline まで聞き取れないと正解を選ぶのが難しい問題だ。(A) は conference（会議）での発表者の紹介を匂わせる連想わな、(C) は冒頭部分を How often「どれくらいの頻度で」だと誤解した人向けの冒頭引っ掛け。

6. (A)　　　　　　　　　　　　　　　　　　　　　　　　　【TR_CT_Set2_06】

🇺🇸 Could I take a look at the plans for the new hospital wing? **YN**

新しい病院棟の設計図を見せてもらえますか？

🇦🇺 (A) I'll send them to you. **難 捻 BA**　　(A) 送りますよ。

　　(B) It's looking for doctors. **連**　　　　(B) 医者を探しています。

　　(C) Mostly horses and cows. **連**　　　　(C) ほとんどが馬と牛です。

語注 plan: 設計図、平面図　wing: (建物の) 翼・ウイング、(鳥の) 翼

解説 「設計図を見てもいいか」と尋ねられて、「送りますよ」と承諾している (A) が自然な応答だ。(B) は doctors という単語を聞いて hospital からの連想で選んでしまいがちな選択肢。設問中の wing は「(建物の) 翼」を指すが、これを「鳥の翼」だと解釈した人には動物が登場する (C) が魅力的に聞こえるだろう。

・・

7. (B)　　　　　　　　　　　　　　　　　　　　　　　　　【TR_CT_Set2_07】

🇺🇸 Where can I get this prescription filled? **WH短**

どこでこの処方薬を調剤してもらえるでしょうか？

🇨🇦 (A) Is it full? **連**　　　　　　　　　　(A) それはいっぱいですか？

　　(B) There's a pharmacy next door.　　(B) 隣に薬局があります。
　　　難　　　　　　　　　　　　　　　　　(C) 今日のいつでも。

　　(C) Any time today. **冒**

語注 prescription: 処方箋、処方薬　fill: 〜を調剤する、〜を満たす　pharmacy: 薬局

解説 処方薬を調剤してもらえる場所を尋ねる疑問文に、「隣に pharmacy (薬局) がある」と施設の場所を答えている (B) が適切。pharmacy は頻出語。(A) は filled からの連想わな、(C) は Where を When と聞き間違えた人向けのわな。

・・

8. (A)　　　　　　　　　　　　　　　　　　　　　【TR_CT_Set2_08】

How much did they charge you for the repairs to the van? **WH長**

バンの修理に彼らはいくら請求しましたか？

(A) It was cheaper than I thought.
BA

(B) It's fully charged. **音**

(C) It's all fixed now. **連**

(A) 思ったより安かったです。
(B) 完全に充電されています。
(C) 修理はすべて終わりました。

語注　charge: ～に請求する、～を充電する　repair: 修理　fix: ～を修理する

解説　請求金額を問う質問に、(A) の「思ったより安かった」という応答なら会話が成り立つ。設問文の charge は動詞で「～に請求する、～を充電する」、名詞で「料金、責任」という意味になる頻出の多義語。(B) は charged（charge の過去分詞）が音わな、(C) は fix が repair の類義語で連想わなだ。

┄┄┄┄┄┄┄┄┄┄┄┄┄┄┄┄┄┄┄┄┄┄┄┄┄┄┄┄┄┄┄┄┄┄┄┄┄┄

9. (B)　　　　　　　　　　　　　　　　　　　　　【TR_CT_Set2_09】

Do you have any leadership experience? **YN**

あなたにはリーダー経験がありますか？

(A) We've arranged a training
session. **連**

(B) I've led a few teams. **BA**

(C) I managed to get home. **連**

(A) 講習会を開催しました。
(B) いくつかのチームを率いたことがあ
ります。
(C) なんとか帰宅できました。

語注　leadership: リーダー（の地位）　experience: 経験　arrange: ～を手配する、準備する　manage: なんとかやりとげる、～を管理する

解説　リーダー経験の有無を問われ、具体的な経験を挙げている (B) が適切な応答。(A) は「リーダー研修」などを連想させる引っ掛け選択肢、(C) の manage には「～を経営する、管理する」という意味もあり、「リーダー」という言葉から連想しやすい語だ。

┄┄┄┄┄┄┄┄┄┄┄┄┄┄┄┄┄┄┄┄┄┄┄┄┄┄┄┄┄┄┄┄┄┄┄┄┄┄

10. (C) 　　　　　　　　　　　　　　　　　　　　　　　　【TR_CT_Set2_10】

🇬🇧 Where are you staying while you're in town? **WH短**

この町にいる間、どこに滞在していますか?

🇺🇸 (A) Just two nights. **音**

　　(B) That's the city hall. **連**

　　(C) With a friend. **BA**

(A) 2晩だけです。
(B) それは市役所です。
(C) 友達の家に泊まります。

語注 city hall: 市役所

解説 宿泊する場所を尋ねられ、「友達の家に泊まる」と答えている (C) が正解。「どこに」ではなく「誰と」いるかを答える応答に虚をつかれる人も多いだろう。(A) は Where を How long と勘違いした人が選んでしまう選択肢。(B) は town と city の連想わなだ。

. . . .

11. (C) 　　　　　　　　　　　　　　　　　　　　　　　　【TR_CT_Set2_11】

🇨🇦 You'll help me interview the candidates tomorrow, won't you?
付疑

明日、候補者の面接を手伝ってくれますよね?

🇬🇧 (A) Both dates. **音**

　　(B) I'm sure you'll get the job. **連**

　　(C) It's on my schedule. **忘** **捻** **BA**

(A) 両方の日付で。
(B) あなたが採用されると確信しています。
(C) スケジュールに入れています。

語注 interview: 〜に面接する　candidate: 候補者

解説 面接を手伝ってくれることを確認する付加疑問文に対し、(C) は「すでにスケジュールに入れている」と間接的に同意している。schedule は英・豪発音に注意。(A) の dates は candidates の最後の音節と同じ音の引っ掛け、(B) は面接後の会話を想像させる内容の連想わなだ。

. . . .

12. (A) 【TR_CT_Set2_12】

🏴󠁧󠁢󠁥󠁮󠁧󠁿 Why don't we try somewhere new for dinner tonight? 機能

今夜の夕食はどこか新しいところに行ってみませんか？

🍁 (A) I heard Spargo's is good. BA
    (B) They're fully booked. 連
    (C) I knew that. 音

(A) Spargo's がいいらしいですよ。
(B) 予約でいっぱいです。
(C) 知っていましたよ。

語注 book: 〜を予約する

解説 「新しい店に行ってみないか」と誘われて、「Spargo's はいいと聞いた」と、行ってみたいレストランの名前を挙げて応じている (A) が正解だ。(B) は夕食に関係がある内容だが、They が何を指すかが不明。なお、(B) は (A) の発言に対する返事とも取れる内容で、結果として連想わなになっている。

- -

13. (B) 【TR_CT_Set2_13】

🇺🇸 How long was Mr. Townsend the company CEO? WH長

どれくらいの間 Townsent 氏は CEO を務めていましたか？

🍁 (A) I see it now. 音
    (B) He founded the company. 捻
    (C) He left a week ago. 冒

(A) 今、見えます。
(B) 彼が会社を創業しました。
(C) 一週間前に去りました。

語注 CEO: 最高経営責任者 found: 〜を創立する、創業する

解説 CEO の在任期間を問われ、「彼が創業した」と答えて創業以来務めていることを示唆している (B) が正解。数字を示さずに答える間接的な応答のパターンだ。(A) の see は CEO の C の部分と同じ音の引っ掛け選択肢。(C) は When で「いつ」と尋ねる質問に対する応答なので適さない。

- -

14. (B)　　　　　　　　　　　　　　　　　　　　　　　　【TR_CT_Set2_14】

🎆 Won't the guests be joining us for dinner? 否疑

お客様は夕食には同席されないのですか？

🇺🇸 (A) A fixed menu. 連
　　(A) 固定メニューです。

　　(B) No, they'll be arriving too late. 忘 BA
　　(B) いいえ、到着が遅すぎます。

　　(C) It wasn't so good. 連
　　(C) あまり良くなかったですね。

語注 fixed: 固定された

解説 「ゲストは夕食には同席しないのか」と問われ、No で「同席しない」と告げてからその理由を説明している (B) が適切。否定疑問文の場合、Yes ／ No の意味が日本語のそれとは逆で混乱を招きがちなので、その後に続く文の内容で賛否を判断した方がよい 。(A) は設問文の dinner からの連想を誘う選択肢、(C) は設問文の joining us for dinner を enjoyed the dinner と聞き間違えた人の連想を誘う選択肢だ。

．．．

15. (C)　　　　　　　　　　　　　　　　　　　　　　　　【TR_CT_Set2_15】

🇺🇸 Which do you like better, the old office or the new one? 選疑

古いオフィスと新しいオフィス、どちらが好きですか？

🎆 (A) It's very spacious. 連
　　(A) とても広いですね。

　　(B) On my way. 定
　　(B) 向かっています。

　　(C) This one is closer to home. 忘 捻 BA
　　(C) こちらの方が家に近いんです。

語注 spacious: 広々とした　on one's way:（目的地に向かう）途中で

解説 新旧オフィスのどちらが好きかと尋ねられ、(C) は「こちら (this one) の方が家に近い」と述べて、暗に今いるオフィスの方が好きだと伝えており、会話が成立している。(A) の spacious はオフィスの環境についての会話を連想させる選択肢。(B) の定型句 On my way. では話がかみ合わない。

．．．

16. (A) 〔TR_CT_Set2_16〕

🍁 Did you agree with the sales strategy we discussed in the meeting? **YN**

会議で話した販売戦略に賛成でしたか？

🇬🇧 (A) I'm not sure. **忘 捻 BA**
    (B) A few ideas. **連**
    (C) From five o'clock. **連**

(A) わかりません。
(B) いくつかアイデアがあります。
(C) 5 時からです。

語注 stategy: 戦略

解説 「販売戦略に賛成か」と尋ねられ、I'm not sure.「わからない」と応じている (A) が正解。「わからない」は多くの質問に対しての応答になり得る。(B) の ideas や (C) の時刻は設問文の strategy や meeting に関係がありそうに聞こえる連想わなだ。

....

17. (C) 〔TR_CT_Set2_17〕

🇦🇺 How can I get in touch with the new company vice president? **WH短**

どうやったら会社の新副社長に連絡が取れますか？

🍁 (A) After nine A.M. **冒**
    (B) The touch panel is broken. **音**
    (C) Isn't she in the directory, yet?
    定 捻 難 BA

(A) 午前 9 時以降なら。
(B) タッチパネルは故障しています。
(C) 彼女はまだ名簿に載っていませんか？

語注 get in touch with ~: ～と連絡を取る　vice president: 副社長　directory: 名簿、住所録

解説 副社長への連絡方法を聞かれ、(C) は「まだ名簿に載っていないのか」と質問を返す形で暗に名簿を見るよう伝えており、会話が成立する。get in touch with ~ は頻出の定型表現だ。(A) は How を When と勘違いした人が選んでしまう選択肢。(B) の touch は音わなになっている。

....

162

18. (C) 【TR_CT_Set2_18】

🍁 Should I change my hotel reservation? **YN**

ホテルの予約を変更すべきでしょうか？

🇺🇸 (A) Use your credit card. **連**
(B) Just two nights. **連**
(C) If you still can. **捻**

(A) クレジットカードを使ってください。
(B) 2泊だけです。
(C) まだ変更できるならね。

語注 reservation: 予約

解説 「予約を変更すべきか」と相手の意見を求める問い掛けに対して、(C) は「もしまだできるならば（するべきだ）」と述べている。少し距離がある応答だが、話がかみ合っている。(A) の credit card と (B) の two nights（2泊）はホテルの予約に関係がありそうに聞こえる連想わなだ。

....

19. (C) 【TR_CT_Set2_19】

🇬🇧 Have they finished installing the new machines in the factory?
YN

彼らは工場の新しい機械の設置を終えたのでしょうか？

🇦🇺 (A) A couple of stalls. **音**
(B) Production has been slow. **連**
(C) They're up and running.
　　定 難 BA

(A) 露店がいくつかありますね。
(B) 生産が遅れています。
(C) 稼働しています。

語注 install: ～を設置する　stall: 屋台、売店　production: 生産　up and running:（機械や人が）動いて、稼働して

解説 「機械の設置が終わったか」と尋ねられ、「稼働している」と応じている (C) が適切だ。(A) の stalls は installing の第2音節と同じ音を含む音わな、(B) の production は factory の連想わなとなっている。

....

20. (A) 【TR_CT_Set2_20】

🇺🇸 There's a long line forming in front of the store. 平叙

店の前に長い列ができていますよ。

🇬🇧 (A) They're here for the summer sale. 捻 BA

(B) You can store them here. 音

(C) We sell a lot of clothing. 連

(A) サマーセールのために来ているんですよ。

(B) ここに保存できます。

(C) 多くの服を売っています。

語注 form: 生じる、できる　store: 店、～を保存する

解説 平叙文で「店の前に長い列ができている」と報告しているのに対して、混んでいる理由を説明している (A) ならば会話が成立する。(B) の音わなの store は動詞で「～を保存する、保管する」という意味。(C) は店に関係がありそうな内容を含む連想わなだ。

....

21. (C) 【TR_CT_Set2_21】

🇬🇧 Would you like to become a member of our preferred customer program? 機能

弊社の優良顧客プログラムに加入しませんか？

🇦🇺 (A) I referred him. 音

(B) It was great, thanks.

(C) What are the benefits? 忘 誤 難 捻 BA

(A) 私は彼を紹介しました。

(B) 素晴らしかったです、ありがとう。

(C) 特典は何ですか？

語注 preferred customer program: 優良顧客プログラム　refer:（人）を紹介する　benefit: 特典、利益、恩恵

解説 優良顧客プログラムに勧誘され、「特典は何か」と質問で返している (C) が適切な応答だ。詳細を尋ねる質問を返すのは間接的応答の定番パターン。(A) の referred は設問文の preferred に対する音のわな。設問文の Would you like to で「何か提案されている」ということだけ把握できた人はお礼を述べている (B) に飛びつくかもしれないが、It was great と過去形なので不適切。

....

22. (A) 　　　　　　　　　　　　　　　　　　　　　　　【TR_CT_Set2_22】

🏴 We need to expand the loading dock. 平叙

搬入口を拡張する必要があります。

🍁 (A) You should talk to the manager. 捻 BA

(B) Which road? 音

(C) How much did you spend? 音

(A) 部長に話してみてください。
(B) どの道ですか？
(C) いくら使ったんですか？

語注 expand: 〜を拡張する　loading dock: 搬入口　manager: 部長、管理者

解説 「搬入口を拡張する必要がある」と問題を報告する発言に対し、「部長に話してはどうか」と対応策を提案している (A) が適切。(B) の road は loading（load [搬入する] の ing 形）の、(C) の spend（〜を費やす）は expand の音わなだ。

....

23. (B) 　　　　　　　　　　　　　　　　　　　　　　　【TR_CT_Set2_23】

🍁 I can pick up my new employee badge here, right? 付疑

新しい社員証はここで受け取れますよね？

🇺🇸 (A) Thanks for that.

(B) You just need to give me your old one. 捻

(C) The staff meeting starts in ten minutes. 連

(A) ありがとうございます。
(B) 古いものを渡してくれさえすれば。
(C) スタッフミーティングは 10 分後に始まります。

語注 employee badge: 社員証

解説 文末に ~, right?「〜ですよね？」を付けた付加疑問文で社員証を受け取れるかを確認している。それに対して「古いものを渡してくれさえすれば（受け取れる）」と応じている (B) ならば会話が成立する。(C) は employee（従業員）と staff（スタッフ）の連想わなだ。(B)(C) が長く、内容を把握しづらいので、唯一わかりやすい (A) を選んでしまった人もいるかもしれないが、質問にかみ合っておらず不適だ。

....

24. (B) 【TR_CT_Set2_24】

🇦🇺 I've placed an order with the catering company. 平叙

そのケータリング会社に注文をしました。

🇬🇧 (A) In our conference room. 連

(B) Did you remember the vegetarian requirements? 難 捨 BA

(C) A knife and fork. 連

(A) 会議室で。

(B) ベジタリアンの方の要件を覚えていましたか？

(C) ナイフとフォークです。

語注 catering: ケータリング vegetarian: ベジタリアン、菜食主義者 requirement: 要件、必要条件 server: 給仕係

解説 平叙文で「ケータリング会社に注文した」と自分の行動を報告する発言に対して、注文内容の詳細について尋ねている (B) が適切だ。(A) は料理を届けてもらう場所としてしばしば登場する conference room（会議室）、(C) は knife（ナイフ）、fork（フォーク）と、いずれも catering に関連がありそうな語を含む連想わなだ。

⋯⋯⋯⋯⋯⋯⋯⋯⋯⋯⋯⋯⋯⋯⋯⋯⋯⋯⋯⋯⋯⋯⋯⋯⋯⋯⋯⋯⋯⋯⋯⋯⋯⋯⋯⋯⋯⋯

25. (A) 【TR_CT_Set2_25】

🇺🇸 Shall I meet you at the conference center, or would you like to travel together? 選疑

会議場でお会いしましょうか、それとも一緒に行きましょうか？

🇦🇺 (A) I'll see you at Carter Station. 忘 BA

(B) I can't remember.

(C) I really liked it. 音

(A) Carter 駅で会いましょう。

(B) 思い出せません。

(C) 本当に気に入っていました。

解説 Shall I meet you ~ と would you like to ~ の選択疑問文で、現地で会うか一緒に行くかを問うている。(A) の応答はそのどちらでもなく、Carter 駅で落ち合うことを提案しているが、会話が成立している。選択疑問文では「A でも B でもない」という応答が正解になることが少なくない。未来の予定の話題なので (B) は不可。(C) の liked は音わなだ。

⋯⋯⋯⋯⋯⋯⋯⋯⋯⋯⋯⋯⋯⋯⋯⋯⋯⋯⋯⋯⋯⋯⋯⋯⋯⋯⋯⋯⋯⋯⋯⋯⋯⋯⋯⋯⋯⋯

Set 3

1. (C) 　　　　　　　　　　　　　　　　　　　　　【TR_CT_Set3_01】

🇨🇦 Who's working at the reception desk this afternoon? **WH短**

誰が午後の受付の担当ですか？

🇺🇸 (A) I walk in the evenings. **音**
　　(B) That's today. **冒**
　　(C) Greg is, I think. **難**

(A) 夜、歩きます。
(B) 今日です。
(C) Greg だと思います。

語注 reception desk:（会社などの）受付

解説 Who's working ~?「誰が働いているか」という質問に Greg という名前を挙げて答えている (C) が適切だ。(A) の walk は working の音わな。(B) は冒頭の Who を When と勘違いした場合に選んでしまう冒頭引っ掛け。

....

2. (B) 　　　　　　　　　　　　　　　　　　　　　【TR_CT_Set3_02】

🇦🇺 Why haven't you sent the invoice? **WH短**

どうして請求書を送っていないのですか？

🇬🇧 (A) I can hear you very well. **連**
　　(B) We're renegotiating the price. **難 BA**
　　(C) Sure, I'll drop by. **YN**

(A) あなたの声はよく聞こえていますよ。
(B) 価格を再交渉しています。
(C) ええ、寄ってみます。

語注 invoice: 請求書　renegotiate: ～を再交渉する　drop by: 立ち寄る

解説 請求書を発送していない理由を問う質問に対しては、(B) の「価格を再交渉している」という説明なら筋が通る。(A) は invoice の後半の voice（声）だけが聞こえた人向けの連想わな。(C) は WH 疑問文の応答には適さない。

....

3. (A)　　　　　　　　　　　　　　　　　　　　　　　　　【TR_CT_Set3_03】

🇺🇸 Where did you work before you came here? **WH短**

ここに来る前はどこで働いていたのですか？

🇬🇧 (A) At a financial firm. **難** **BA**　　　　(A) 金融機関で。

(B) For about five years. **冒**　　　　(B) およそ 5 年間です。

(C) I'm on my way. **連**　　　　(C) 向かっているところです。

語注 financial firm: 金融機関

解説 Where ~? で「前はどこで働いていたのか」と問われ、At a financial firm.「金融機関で」と答えている (A) が正解。firm は名詞では「会社、（弁護士などの）事務所」、形容詞では「硬い、しっかりした」という意味になる多義語だ。(B) はWhere を When や How long と誤解した人には魅力的な冒頭のわな。(C) は設問文の you came here からの連想を狙ったわなだ。

....

4. (C)　　　　　　　　　　　　　　　　　　　　　　　　　【TR_CT_Set3_04】

🇨🇦 How should I advertise the position? **WH短**

どのようにその職の募集広告を出しましょうか？

🇬🇧 (A) As soon as possible. **冒**　　　　(A) できるだけ早く。

(B) Here or there. **連**　　　　(B) ここかそこに。

(C) The newspaper's usually　　　　(C) 新聞は多くの場合効果的です。
effective. **捻** **BA**

語注 position: 職　effective: 効果的な

解説 How ~? で広告の出し方の相談を受け、「新聞は効果的だ」と新聞に広告を出すことを間接的に勧めている (C) が適切。設問中の position（位置、立場）はTOEIC では「職」という意味で用いられることが多い。(A) の as soon as possible（できるだけ早く）は定型表現で、ここでは How を When と取り違えた人向けの冒頭のわなだ。(B) はこれを「位置」と勘違いした人を引っ掛ける連想わなだ。

....

168

5. (A) 【TR_CT_Set3_05】

When do you expect the commercials to air? **WH短**

コマーシャルはいつ放送されると思いますか？

(A) In a week or two. **忘 BA**

(B) The air is fresh. **音**

(C) All over the country. **冒**

(A) 1、2 週間中に。
(B) 空気はきれいです。
(C) 国中で。

語注 commercial: コマーシャル　air: 放送される

解説 「いつ放送されると思うか」と尋ねられ、時期を答えている (A) は話がかみ合っている。 expect A to do は「A が～すると思う（予想する）」という意味の定型表現。(A) の in+ 期間は「～のうちに、～の間に」という意味になる。(B) は air を含む音わな、(C) は When を Where と取り違えた人向けのわなだ。

....

6. (B) 【TR_CT_Set3_06】

What kind of identification do I need to show? **WH長**

どのような身分証明書を見せなければなりませんか？

(A) They're very kind. **音**

(B) A driver's license will do.
　　定 難 BA

(C) Don't forget to bring it. **連**

(A) 彼らはとても親切です。
(B) 運転免許証でいいですよ。
(C) それを持ってくるのを忘れないでください。

語注 identification: 身分証明書　driver's license: 運転免許証

解説 What kind of ~? で必要な身分証明書の種類を尋ねられたのに対し、具体的な身分証明書の名称を挙げている (B) が自然な応答。 ~ will do （～で間に合う）は頻出の定型表現だ。(A) は kind を含む音わな。(C) は (B) に続くと自然なやりとりに聞こえて思わず選んでしまった人もいるかもしれないが、設問文に対する応答としては不適切。

....

7. (C) 　　　　　　　　　　　　　　　　　　　　　　　【TR_CT_Set3_07】

🇨🇦 Is there enough time for us to have a meal before we leave? **YN**

出発前に食事をする時間はありますか？

🇺🇸 (A) On Monday, I believe. **音**
　　(B) It's a packed lunch. **連**
　　(C) If we hurry. **捻**

(A) 月曜日だと思います。
(B) お弁当です。
(C) 急げばね。

解説 「食事をする時間があるか」と問われ、If we hurry.「急げば（時間がとれる）」とそのための条件を伝えている (C) が適切な応答。(A) の believe は leave と共通の音を持つ音わなで、(B) は設問の meal（食事）に関係がありそうな単語 lunch を含む連想わなだ。

. . . .

8. (B) 　　　　　　　　　　　　　　　　　　　　　　　【TR_CT_Set3_08】

🇺🇸 Did you notice that the windows had been repaired? **YN**

窓が修理されたことに気付きましたか？

🇦🇺 (A) It's quite windy. **音**
　　(B) They look lovely. **捻** **BA**
　　(C) I didn't read it. **連**

(A) 風がかなり強いです。
(B) いいですね。
(C) 私は読んでいません。

語注 notice: 〜に気付く、掲示　repair: 〜を修理する

解説 「窓が修理されたことに気付いたか」と尋ねられたのに対して、(B) は感想を述べることで「気付いている」と示唆しており、話がかみ合っている。(A) の windy は window との音わな。(C) は設問中の notice に名詞で「掲示」という意味があることから、read に違和感を感じなかった人が引っ掛かるわなだ。

. . . .

9. (C) 　　　　　　　　　　　　　　　　　　　　　　　　【TR_CT_Set3_09】

🇬🇧 This gallery only sells art by contemporary artists. 平叙

　　このギャラリーは現代アーティストの作品のみを扱っています。

🇨🇦 (A) I need a temporary solution. 音
　　(B) The exhibition was canceled. 連
　　(C) Do you have a catalog? 捻 BA

(A) 一時的な解決法がほしいです。
(B) 展示会は中止になりました。
(C) カタログはありますか？

語注 gallery: ギャラリー、画廊　contemporary: 現代の　temporary: 一時的な
solution: 解決（法）　exhibition: 展示会

解説 ギャラリーでどのような作品を扱っているかを説明する、情報共有タイプの平叙文だ。(C) はそれに対して「カタログはあるか」と聞き返しており、興味を持った様子がうかがえる応答となっている。(A) の temporary は contemporary の音わな。(B) の exhibition は頻出語で、gallery や artists の連想わなだ。

. . . .

10. (A) 　　　　　　　　　　　　　　　　　　　　　　　　【TR_CT_Set3_10】

🇺🇸 Could we have a little more time to look at the menu? 機能

　　メニューを見る時間をもう少しもらえますか？

🇨🇦 (A) Call me when you're ready.
　　　誤 捻
　　(B) That's too small. 連
　　(C) These are the desserts. 連

(A) 決まったら呼んでください。
(B) それは小さすぎます。
(C) これらがデザートです。

解説 「もう少し時間が欲しい」と頼まれたのに対する応答を選ぶ問題。(A) の Call me when you're ready.「準備ができたら（注文が決まったら）呼んでください」は給仕係がよく使うフレーズだ。(B) の small は設問中の little、(C) の dessert（デザート）は menu に対する連想わなとなっている。

. . . .

11. (B) 【TR_CT_Set3_11】

🏴󠁧󠁢󠁥󠁮󠁧󠁿 When was this article published? **WH短**

この記事はいつ発表されたのですか？

🇺🇸 (A) It's quite interesting. **連**

(B) That's yesterday's newspaper. **BA**

(C) In a magazine. **冒**

(A) とても面白いです。
(B) それは昨日の新聞です。
(C) 雑誌にあります。

語注 article: 記事　publish: ～を発行する、発表する

解説 When で「いつ記事が出たのか」と尋ねられ、「昨日の新聞だ」と答えている (B) が正解。(A) は記事の感想を述べているようだが、質問には答えていない連想わな。(C) は When を Where と聞き間違えた人向けのわなだ。

....

12. (B) 【TR_CT_Set3_12】

🇺🇸 Jeff's not coming in today, right? **付疑**

Jeff は今日は来ないんですよね？

🇦🇺 (A) I had some work to do. **連**

(B) No, he'll be back tomorrow. **BA**

(C) By bus, I think. **連**

(A) やることがあったんです。
(B) 来ませんね、明日戻ります。
(C) バスでだと思います。

解説 付加疑問文で「Jeff は来ないよね」と念を押しているのに対して、No で「来ない」と同意してから情報を追加している (B) が適切な応答。設問中の come in は「到着する」、文脈によっては「出社する」という意味になる。そこから仕事に関する会話を想像した人は (A)、交通手段の話題だと思った人は (C) を選んでしまいがちだ。

....

172

13. (C) 【TR_CT_Set3_13】

Why don't you come with us to the small business convention? 機能

中小企業大会に一緒に行きませんか？

(A) We're growing. 連

(B) I was too busy. 誤

(C) I'd love to. 定 BA

(A) 伸びていますよ。
(B) 忙しすぎました。
(C) ぜひ。

語注 small business: 中小企業

解説 提案表現の Why don't you ~?「～しませんか」で中小企業大会に誘われ、I'd love to.「喜んで」という定型表現で受け入れている (C) が正解。(A) は「業績が伸びている」ことを想起させる内容で、business convention（企業大会）の連想わなとなっている。(B) は機能文であることに気付かずに、Why で「理由」を尋ねられていると勘違いした場合に選んでしまう選択肢だ。

- -

14. (C) 【TR_CT_Set3_14】

What's the departure time for our flight? WH短

私たちの便の出発時間はいつですか？

(A) See you when you get back. 連

(B) Just in time. 音

(C) It's been postponed. 難 捻 BA

(A) 戻ったときに会いましょう。
(B) ギリギリで間に合いました。
(C) 延期されました。

語注 departure: 出発　postpone: ～を延期する

解説 What で時刻を問う質問に、「延期された」と答えている (C) が適切。時刻を問う質問に対して「延期された」「キャンセルされた」は定番の捻った応答だ。(B) の Just in time. は「ギリギリで間に合った」という意味の定型表現で、時刻の質問の答えにはならない。(A) は旅立つ相手に掛ける言葉で、設問文にはかみ合わない。

- -

15. (B) 　　　　　　　　　　　　　　　　　　　　　　　　【TR_CT_Set3_15】

How long will you need the meeting room this afternoon? **WH長**
今日の午後はどれくらいの間会議室を使いますか?

(A) Yes, I will. **YN**
(B) Just until three P.M. **定 BA**
(C) Some chairs and a table. **連**

(A) はい、そうします。
(B) ちょうど午後3時までです。
(C) いくつかの椅子と机1つです。

解説 How long で会議室を使う「時間の長さ」を尋ねている。それに対して「ちょうど午後3時まで」と時刻で答えている (B) が正解。WH疑問文には Yes / No で答えることはできないので (A) は消去できる。(C) は meeting room (会議室) に置かれていそうなオフィス家具の話で連想を誘っている。

⋯⋯

16. (A) 　　　　　　　　　　　　　　　　　　　　　　　　【TR_CT_Set3_16】

Weren't the assembly instructions included in the box? **否疑**
箱の中に組み立て説明書が入っていませんでしたか?

(A) I can't find them. **難 捻 BA**
(B) I've loaded the truck. **音**
(C) I used all the boxes. **音**

(A) 見つからないんです。
(B) トラックに積んできました。
(C) 全部の箱を使いました。

語注 assembly: 組み立て　instruction: 説明書　load: ~に荷を積み込む

解説 「説明書が入っていなかったか」と意外そうに尋ねる否定疑問文の質問に対して、「見つからない」と述べている (A) が適切な応答だ。(B) の truck は設問中の instructions の音わな。(C) の boxes も設問中に登場する box にあてた音わなだ。

⋯⋯

17. (B) 【TR_CT_Set3_17】

Where is the annual employee appreciation dinner being held?
WH短

毎年恒例の従業員感謝ディナーはどこで開かれているのでしょうか？

(A) To thank employees. **冒**

(B) It hasn't been announced.
捻 BA

(C) Every year. **連**

(A) 従業員に感謝するためです。
(B) まだ告知されていません。
(C) 毎年です。

語注 annual: 毎年の　appreciation: 感謝　announce: 〜を発表する、告知する

解説 Where の疑問文で従業員感謝ディナーの開催場所を問われ、「まだ告知されていない」と答えている (B) が適切な応答。「まだわからない」は定番の応答パターンだ。(A) は Where を Why と聞き間違えると選んでしまう選択肢。(C) は annual の同義語の every year で誤答を誘う連想わなだ。

. . . .

18. (A) 【TR_CT_Set3_18】

Let's discuss the floor plan of the new office space. **機能**

新しいオフィスの間取り図を検討しましょう。

(A) Hasn't it been finalized yet? **捻**

(B) Yes, four should be enough. **音**

(C) It's near the station. **連**

(A) まだできていないんですか？
(B) ええ、4 つで十分です。
(C) 駅の近くです。

語注 floor plan: 間取り図　finalize: 〜を完成させる

解説 「オフィスの間取り図を検討しよう」と提案され、「まだできていないのか」と驚いた様子で聞き返している (A) が正解だ。(B) は four と floor の母音が同じで音わな。子音 fl は速く発音されてほぼ 1 音のように聞こえるので意外と聞き分けづらい。オフィスの場所についての会話を想像した人には (C) が魅力的だ。

. . . .

確認テスト

解答・解説

19. (A) 【TR_CT_Set3_19】

Will you use one of the company computers, or bring your own? 選疑

会社のパソコンを使うんですか、自分のパソコンを持ってきますか？

(A) I'd prefer to use mine. 忘 BA
(B) It's a great brand. 連
(C) I always travel alone. 音

(A) 自分のものを使いたいです。
(B) 素晴らしいブランドです。
(C) 私はいつも一人で旅行します。

語注 prefer to do: ～する方を好む

解説 選択疑問文で「会社のパソコンを使うか、自分のを持ってくるか」と尋ねられて、「自分のを使いたい」と答えている (A) が正解。I'd は I would を省略した形で、I'd prefer は丁寧に自分の好みを伝える表現だ。(B) は brand からパソコンのメーカーを連想した人向けのわなだ。your own を on your own だと空耳した人は alone を含む (C) を選んでしまったかもしれない。

. . . .

20. (B) 【TR_CT_Set3_20】

Who made the hotel reservations? WH短

誰がホテルの予約をしましたか？

(A) She works for a local construction firm. 連
(B) No one has, yet. 定 BA
(C) We have five rooms. 連

(A) 彼女は地元の建設会社で働いています。
(B) まだ誰もしていません。
(C) 5 部屋あります。

語注 reservation: 予約　construction firm: 建設会社

解説 「誰が予約をしたか」という質問に、(B) は No one has, yet.「まだ誰もしていない」と答えており、会話がかみ合っている。no one は「誰も～ない」、yet は否定文で用いられて「まだ」という意味になる。(A) と (C) は設問中の hotel に関連しそうな語を含む連想わな。

. . . .

21. (A) 【TR_CT_Set3_21】

How much paper do we have left in the storage room? **WH長**

倉庫にどれくらいの紙が残っていますか？

(A) We're almost out of it. **定**

(B) In the store. **音**

(C) We paid thirty-four dollars. **冒**

(A) ほとんど残っていません。
(B) 店で。
(C) 34 ドル払いました。

語注 storage: 倉庫　out of ~: ～がなくなって

解説 How much paper ~? で「紙がどれくらい残っているか」を問う質問。応答には「残りの量」を伝えている (A) が応答として適切。(B) の store は storage の音わな。How much に続く名詞 paper が聞き取れないと、値段を尋ねられていると誤解して (C) を選んでしまう。

....

22. (C) 【TR_CT_Set3_22】

Do you remember what catering company we used last time? **YN**

前回どのケータリング会社を利用したか覚えていますか？

(A) Italian would be nice. **連**

(B) It lasted well. **音**

(C) No, but I have the files on my computer. **忘 BA**

(A) イタリア料理がいいですね。
(B) よくもちました。
(C) いえ、でも私のコンピューターにファイルがあります。

語注 catering: ケータリング、仕出し料理　last: 持ちこたえる

解説 間接疑問文で「前回利用した会社を覚えているか」と尋ねられ、(C) は No で「覚えていない」と述べてから「コンピューターにファイルがある（のでそれを見ればわかる）」と伝えており、話がかみ合っている。情報を求める質問に情報のありかを答えるパターンは多い。(A) の Italian（イタリア料理）は設問中の catering からの連想わな、(B) の lasted（動詞 last の過去形）は設問中の形容詞 last に対する音わなだ。

....

確認テスト

解答・解説

177

23. (C)　　　　　　　　　　　　　　　　　　　　　　　　【TR_CT_Set3_23】

Shall I send you the catalog, or will you use the Web site? 選疑

カタログをお送りしましょうか、それともウェブサイトをご利用になりますか？

(A) A lot of nice products. 連

(B) On the first page. 連

(C) I'll view it online. 忘 BA

(A) すてきな商品がたくさんあります。
(B) 最初のページにあります。
(C) オンラインで見ますよ。

解説 「カタログかウェブサイトか」という選択疑問文の問いに、Web site を online と言い換えて「オンラインで見る」と応じている (C) が適切な応答。選択肢では設問中の語句が言い換えられている場合が多い。(A) と (B) はカタログに関係しそうな内容を含んでいる連想わな。

....

24. (C)　　　　　　　　　　　　　　　　　　　　　　　　【TR_CT_Set3_24】

We should have the next managers' meeting online. 平叙

次の管理職会議はオンラインで行うべきです。

(A) I've been waiting in line for hours. 音

(B) On schedule. 連

(C) What app should we use? 捻 BA

(A) 何時間も列に並んで待っています。
(B) 予定通りです。
(C) どのアプリを使えばいいですか？

語注 on schedule: 予定通りに　app: アプリ（application の略）

解説 「会議をオンラインで行うべきだ」という平叙文の提案に、(C) は「どのアプリを使えばいいか」と質問を返しており、応答として成り立っている。平叙文に対して質問を投げ掛けるのは定番の応答パターンだ。(A) の in line（列になって）は online の音わな、(B) の On schedule.（予定通りに）は meeting からの連想わな。

....

25. (B) 【TR_CT_Set3_25】

🏳️ They keep this area closed to the general public, don't they? 付疑

このエリアは一般の人が入れないようになっていますよね？

🇺🇸 (A) Quite close. 音

(B) It's staff only. 忘 難 BA

(C) Just a few of those.

(A) かなり近いです。
(B) スタッフ専用です。
(C) いくつかだけです。

語注 closed to ~: ~は立ち入り禁止で　general public: 一般の人々　staff only: スタッフ専用

解説 付加疑問文で一般の人は立ち入り禁止であることを確認している。これに直接的に答えずに「スタッフ専用だ」と同意している (B) が正解。(A) の close（近い）は音ワなだ。設問文の付加疑問部分 don't they が耳に残った人は、those を含む (C) を選んでしまうかもしれないが、内容がまったくかみ合わない。

Set 4

1. (B) 【TR_CT_Set4_01】

🏳️ Why are the lights on in the laboratory? WH短

なぜ実験室の電気がついているのですか？

🇺🇸 (A) It's pretty heavy. 連

(B) Someone's working late. BA

(C) Until eight o'clock. 冒

(A) かなり重いです。
(B) 誰かが残業しています。
(C) 8 時まで。

語注 laboratory: 実験室、研究室　work late: 遅くまで働く

解説 電気がついている理由を尋ねられ、「誰かが残業している」と理由を説明している (B) が自然な応答だ。Why に対する応答でも Because や To で始まらないものが正解の半数以上を占めるので注意。(A) は設問中の名詞 lights（明かり）と似た形の形容詞 light（軽い）から、その反義語の heavy（重い）に反応した人向けのワなだ。(C) は冒頭の Why を When と取り違えると選んでしまう選択肢だ。

2. (B)　　　　　　　　　　　　　　　　　　　　　　　　　　　　【TR_CT_Set4_02】

🏴 Where should I attach this cord? **WH短**

このコードはどこに付けるべきですか？

🏴 (A) Before you turn it on. **冒**
　　(B) In the back. **難 BA**
　　(C) She called earlier. **音**

(A) スイッチを入れる前に
(B) 後ろに。
(C) 彼女は先程電話してきました。

語注 attach: 〜を取り付ける

解説 Where の疑問文でコードを付ける場所を尋ねている。(B) の In the back.「後ろに」が応答として適切だ。(A) は Where を When と聞き間違えた人向けの冒頭引っ掛け。英豪発音では設問中の cord の r はほとんど聞こえないため、(C) の called と聞き分けづらい。

··

3. (A)　　　　　　　　　　　　　　　　　　　　　　　　　　　　【TR_CT_Set4_03】

🏴 Which airline are you flying with? **WH短**

どの航空会社を使いますか？

🍁 (A) I'll check the itinerary. **難 捻**
　　(B) I'm in line now. **音**
　　(C) At the airport. **連**

(A) 旅程表を確認します。
(B) 今、列に並んでいます。
(C) 空港で。

語注 itinerary: 旅程表

解説 「どの航空会社を使うのか」という質問には、(A) の「旅程表を確認する」が自然な応答だ。I'll check 〜「〜を確認します」は間接的応答の頻出パターン。itinerary の第 1 音節の i は［アイ］と発音され、強勢は第 2 音節の i にある。(B) の in line は airline の音わな、(C) は「航空会社」からの連想のわな。

··

4. (B) 　　　　　　　　　　　　　　　　　　　　　　　【TR_CT_Set4_04】

🇨🇦 Who reserved the boardroom for tomorrow morning? **WH短**

誰が明日の朝に役員会議室を予約しましたか？

🇦🇺 (A) It's served at seven A.M. **音**

(B) It should be available.
　　難 捻 BA

(C) Thanks for that. **定**

(A) 午前 7 時に提供されます。
(B) 空いているはずです。
(C) それについてはありがとうございます。

語注 reserve: 〜を予約する　boardroom: 役員会議室　serve: 〜を提供する
　　　available: 利用できる

解説 「誰が会議室を予約したのか」という質問に、(B) は直接答えずに「（会議室は）利用できるはずだ」と述べており、会話が成立している。(A) の served は設問文の reserved の音わな、(C) は礼を述べており、質問とかみ合わない。

....

5. (A) 　　　　　　　　　　　　　　　　　　　　　　　【TR_CT_Set4_05】

🇨🇦 How's it going with the new equipment? **WH短**

新しい機器の調子はどうですか？

🇬🇧 (A) Much better. **定 難 BA**

(B) I'll drive there. **冒**

(C) Trevor will. **冒**

(A) はるかにいいです。
(B) 車で行きます。
(C) Trevor でしょう。

語注 equipment: 設備、機器

解説 機器の調子を尋ねられて、Much better.「はるかにいい」と答えている (A) が適切だ。(B) は冒頭の How's it going with 〜 ?「〜の調子はどうか」の意味がわからずに「どうやって行くか」と解釈すると選びたくなる選択肢。(C) は How を Who と誤解した人向けのわな。

....

確認テスト

解答・解説

6. (C)　　　　　　　　　　　　　　　　　　　　　　　　　【TR_CT_Set4_06】

When does this magazine subscription end? **WH短**

この雑誌の定期購読期間はいつ終わりますか？

(A) The articles are great. **連**
(B) It comes every month. **連**
(C) I'd have to check. **難** **捻** **BA**

(A) 記事は素晴らしいです。
(B) 毎月来ます。
(C) 確認しなくてはなりません。

語注 subscription: 定期購読

解説 定期購読が終わる時期を問う質問に「確認しなければならない」と答えている (C) が正解。「確認する」という応答は、捻った応答パターンの代表的なものだ。(A) は articles（記事）が magazine（雑誌）からの連想わな。(B) は「定期購読」の説明で、質問への応答になっていない。

....

7. (C)　　　　　　　　　　　　　　　　　　　　　　　　　【TR_CT_Set4_07】

It's been a while since we installed that oven, hasn't it? **付疑**

そのオーブンを設置してからしばらく経ちますよね？

(A) Mostly for desserts. **連**
(B) I can wait. **連**
(C) It's not new anymore. **忘** **定** **難**

(A) ほぼデザートのためです。
(B) 待てますよ。
(C) もう新しくはありません。

語注 install: 〜を設置する　dessert: デザート

解説 オーブンを設置してからしばらく経つことを付加疑問文で確認している。それに「もう新しくはない」と同意している (C) が適切な応答。it's been a while since 〜 は「〜してからしばらく経つ」という意味のカタマリとして覚えておきたい。「何」からしばらく経つのかが聞き取れなかった人は (B) に引っ掛かってしまうかもしれない。(A) の desserts は oven と関連がありそうな連想わな。

....

8. (A) 【TR_CT_Set4_08】

How much were the curtains in the lobby? **WH長**

ロビーのカーテンはいくらでしたか？

(A) Alia should know. **捻 BA**
(B) They match well. **音**
(C) We got five sets. **冒**

(A) Alia なら知っているはずです。
(B) それらはよく合います。
(C) 5 セットあります。

語注 match: 合う、似合う

解説 カーテンの値段を尋ねられ、値段を答えずに「Alia なら知っているはず」と間接的に答えている (A) が正解。~ should know「～なら知っているはず」は頻出応答パターンの一つ。(B) の match は設問文の much と母音の部分の音のみが異なる単語で音わなになっている。(C) は How much を How many と取り違えた人向けのわな。

. . . .

9. (C) 【TR_CT_Set4_09】

When will construction on the new headquarters be finished? **WH短**

新しい本社の建設はいつ完了しますか？

(A) Yes, the safety inspectors are here. **YN**
(B) It's at the same address. **冒**
(C) There've been some delays. **捻 BA**

(A) はい、安全検査官がここに来ています。
(B) 同じ住所です。
(C) いくらか遅れがありました。

語注 construction: 建設　headquarters: 本社、本部　safety: 安全　inspector: 検査官

解説 建設の完了時期を尋ねられ、遅れていることを伝えている (C) が応答として適切。鍵となる delay（遅れ）は頻出語だ。WH 疑問文に対して Yes ／ No で始まる応答は不可なので (A) は誤り。(B) は When を Where と聞き間違えた人向けのわなだ。

. . . .

確認テスト　解答・解説

183

10. (A) 【TR_CT_Set4_10】

Shall we offer the clients a tour of our new facility? 機能

顧客に新施設の見学ツアーを提供しましょうか？

(A) They might be interested. 誤 捻

(B) Some historical locations. 連

(C) That was kind of them. 連

(A) 興味を持ってもらえるかもしれません。

(B) いくつかの歴史的な場所です。

(C) 彼らは親切でしたね。

語注 client: 顧客　facility: 施設

解説 Shell we ~?「〜しましょうか」で施設の見学ツアーを提案されたのに対して、「顧客が興味を持つかもしれない」と述べて賛成を表している (A) が正解だ。施設の見学ツアーは TOEIC 頻出のトピック。(B) の歴史的建造物のツアーも TOEIC にしばしば登場するが、ここでは連想わなだ。(C) は設問中の offer だけを聞き取れた人が「何かをくれたのかも」と連想してしまいそうな選択肢。

----

11. (B) 【TR_CT_Set4_11】

Did you find anyone suitable for the administrator position? YN

管理職にふさわしい人は見つかりましたか？

(A) I think it is.

(B) A couple of candidates. 難 BA

(C) He's attending the exposition. 音

(A) そうだと思います。

(B) 数名の候補者がいます。

(C) 彼は展示会に参加しています。

語注 suitable: ふさわしい、適切な　administrator: 管理者　position: 職
candidate: 候補者　exposition: 展示会、展覧会

解説 「ふさわしい人が見つかったか」という問い掛けに、「数名の候補者（がいる）」と応じて見つかったことを示唆している (B) が正解。(A) は it が何かが不明で応答にならない。(C) の exposition は第 2 音節以降が position と同じ音の音わなだ。

----

12. (A)　　　　　　　　　　　　　　　　　　　　　　　【TR_CT_Set4_12】

:canada: You'll be picking us up from the airport, right? 付疑

　空港まで私たちを迎えに来てくれるんですよね？

:australia: (A) I'll send a driver. 定 BA

　　 (B) It leaves at seven P.M. 連

　　 (C) Enjoy your flight. 連

(A) 運転手を派遣します。
(B) 午後 7 時に出発します。
(C) フライトをお楽しみください。

語注 pick ~ up: ～を車で迎えに行く

解説 付加疑問文で迎えに来てくれることを確認している。それに対して「（迎えに行く代わりに）運転手を派遣する」と伝えている (A) が適切。(B) は飛行機の出発時間、(C) は機内のアナウンスを思わせる内容だが、どちらも質問の答えになっていない。

⋯⋯⋯⋯⋯⋯⋯⋯⋯⋯⋯⋯⋯⋯⋯⋯⋯⋯⋯⋯⋯⋯⋯⋯⋯⋯⋯⋯⋯⋯⋯⋯⋯⋯

13. (A)　　　　　　　　　　　　　　　　　　　　　　　【TR_CT_Set4_13】

:uk: Could you find someone to direct the guests to the back garden? 機能

　お客さんを裏庭に案内する人を探してくれますか？

:us: (A) Sure, I'll call Ted. 応 BA

　　 (B) The weather is fine. 音

　　 (C) Some flowers and plants. 連

(A) もちろん、Ted を呼びますね。
(B) 天気は快晴です。
(C) 花や植物です。

語注 direct: ～を案内する

解説 Could you ~?「～してくれますか」で案内する人を探すように頼んでいる。(A) は Sure と快諾してから、「Ted を呼ぶ」と具体的に名前を挙げており、自然な応答だ。(B) の fine は find の音わな、(C) は garden に関係がありそうな語を含む連想わな。

⋯⋯⋯⋯⋯⋯⋯⋯⋯⋯⋯⋯⋯⋯⋯⋯⋯⋯⋯⋯⋯⋯⋯⋯⋯⋯⋯⋯⋯⋯⋯⋯⋯⋯

確認テスト

解答・解説

14. (C)　　　　　　　　　　　　　　　　　　　　【TR_CT_Set4_14】

How many crates of fruit were delivered this morning?　WH長

今朝は木箱いくつ分の果物が配達されましたか？

(A) I don't play the flute.　音
(B) They're great apples.　連
(C) The warehouse is full.　難　捻　BA

(A) フルートは演奏しません。
(B) とても良いりんごです。
(C) 倉庫がいっぱいです。

語注　crate: 木箱　deliver: 〜を配達する　warehouse: 倉庫

解説　何箱の果物が配達されたのか尋ねられ、(C) は「倉庫がいっぱいだ」と答えることでかなりの数であったと示唆しており、会話が成立している。かなり捻った応答で難問だ。(A) の flute は fruit の音わな。英豪発音では fruit の r が短く発音されるため、特に聞き分けづらい。(B) の apples は fruit の連想わなとなっている。

⋯⋯⋯⋯⋯⋯⋯⋯⋯⋯⋯⋯⋯⋯⋯⋯⋯⋯⋯⋯⋯⋯⋯⋯⋯⋯⋯⋯⋯⋯⋯⋯⋯⋯⋯

15. (C)　　　　　　　　　　　　　　　　　　　　【TR_CT_Set4_15】

Will you take a suitcase when you go to Sydney?　YN

Sydney に行くときにスーツケースを持っていきますか？

(A) It's a new suit.　音
(B) Thank you for offering.　定
(C) Just an overnight bag.　BA

(A) 新しいスーツです。
(B) お申し出ありがとうございます。
(C) 一泊用のかばんだけです。

語注　offering: 申し出

解説　「スーツケースを持っていくか」という質問に対して、「(スーツケースではなく) 一泊用のかばんだけ (を持っていく)」と答えている (C) ならば会話がかみ合っている。(A) の suit (スーツ) は suitcase の前半と発音が同じ音わなだ。(B) は相手の申し出に礼を述べる定型表現なので、ここでは適さない。

⋯⋯⋯⋯⋯⋯⋯⋯⋯⋯⋯⋯⋯⋯⋯⋯⋯⋯⋯⋯⋯⋯⋯⋯⋯⋯⋯⋯⋯⋯⋯⋯⋯⋯⋯

16. (B) 　　　　　　　　　　　　　　　　　　　　　【TR_CT_Set4_16】

🔲 Should we have a conference call on Monday or Wednesday?
　選疑

電話会議は月曜にしましょうか、水曜にしましょうか？

🔳 (A) Please call extension eight hundred 音 連 難

(B) I'd rather meet you in person. 忘 定 BA

(C) It went really well. 誤

(A) 内線 800 に電話してください。
(B) 直接お会いしたいです。
(C) とてもうまくいきました。

語注 conference call: 電話会議　extension: 内線（電話）　in person:（オンラインやバーチャルではなく）本人が直接、じかに

解説 選択疑問文で「電話会議は月曜日と水曜日のどちらが良いか」と問われている。それに対して、どちらの曜日も選ばずに「（電話会議ではなく）直接会いたい」と答えている (B) が正解となる。(A) は電話 (call) に関係がある内容の連想わなで、call は音わなにもなっている。(C) は会議後に述べることで、質問の応答になっていない。

....

17. (B) 　　　　　　　　　　　　　　　　　　　　　【TR_CT_Set4_17】

🔳 We'd better return this vehicle to the client this afternoon. 平叙

今日の午後にこの車を顧客に返却した方がいいですね。

🔲 (A) Better than the other one. 音

(B) I'm waiting on parts. 捻 BA

(C) A few repairs. 連

(A) もう一方よりも良いです。
(B) 部品を待っています。
(C) 2、3の修理です。

語注 vehicle: 車　repair: 修理

解説 「今日の午後に車を返却した方がいい」という平叙文の発言に対して、(B) は「部品を待っている」と述べることにより、まだ修理が終わっておらず返却ができないことを示唆しており、話がかみ合っている。かなり距離がある応答で難しい問題だ。(A) の better は音わな、(C) の repairs は vehicle の連想わな。

....

18. (A)　　　　　　　　　　　　　　　　　　【TR_CT_Set4_18】

🇺🇸 Shouldn't the train be here by now? 否疑

そろそろ電車が来るはずでは？

🇨🇦 (A) A couple more minutes. 定
　　(B) No, they train in the evenings. 音
　　(C) Yes, let's get on. 連

(A) あと2、3分です。
(B) いいえ、彼らは夕方にトレーニングをします。
(C) ええ、乗りましょう。

解説 「そろそろ電車が来るはずではないのか」というい立ちの感情を含む否定疑問文に対して、「あと2、3分（で来る）」と答えている (A) が自然な応答だ。a couple は「2、3の」という意味。(B) の train は動詞で「訓練する」という意味で、設問文の名詞 train の音わなになっている。設問文から電車がまだ到着していないことはわかるので、(C) は誤り。

19. (B)　　　　　　　　　　　　　　　　　　【TR_CT_Set4_19】

🇨🇦 Why don't you see if there's any money left in the budget? 機能

予算が残っているかどうか確認してみてはどうですか？

🇦🇺 (A) Because it's too dark. 誤
　　(B) How much do we need? 捻 BA
　　(C) There's a bank around the corner. 連

(A) 暗すぎるからです。
(B) いくら必要なんですか？
(C) すぐそこに銀行があります。

語注 budget: 予算

解説 「予算が残っているか確認してはどうか」という提案に、直接答えずに「いくら必要なのか」と問い返している (B) が正解だ。Why の疑問文だが、理由を尋ねているのではなく提案をする表現なので、(A) の Because で始まる選択肢は誤り。(C) の bank は設問文の money や budget に関連がありそうに聞こえる連想わなだ。

20. (A) 　　　　　　　　　　　　　　　　　　　　　【TR_CT_Set4_20】

Is this the right room for the seminar on finance? **YN**

金融セミナーの部屋はここでいいですか？

(A) We start in ten minutes. **捻 BA**

(B) He was interested in investing. **連**

(C) There's enough room. **音**

(A) あと 10 分で始めます。
(B) 彼は投資に興味を持っていました。
(C) 十分な広さがあります。

語注 finance: 金融　investing: 投資

解説 「セミナーの部屋はここか」と尋ねられ、「あと 10 分で始める」と応じて今いる部屋が会場だと暗に伝えている (A) が適切な応答。(B) は金融セミナーに出てきそうな investing という語を含むが、質問の答えになっていない。金融や投資、ネットワーク作りなどのセミナーは TOEIC の頻出トピックなので関連用語は押さえておこう。(C) は同音異義語の room（部屋、広さ）を使った音わな。

....

21. (C) 　　　　　　　　　　　　　　　　　　　　　【TR_CT_Set4_21】

This graph shows how sales have improved over the last three quarters. **平叙**

このグラフは過去 3 四半期の売上がどう改善したかを示しています。

(A) From last time. **音**

(B) A new campaign. **連**

(C) Is it accurate? **忘 難 捻 BA**

(A) 前回からです。
(B) 新しいキャンペーンです。
(C) それは正確ですか？

語注 improve: 改善する　quarter: 四半期　accurate: 正確な

解説 設問文は平叙文で、グラフの説明をしている。それに対して「それは正確か」と疑問を投げかけている (C) が適切な応答。accurate の意味がわからないと正解するのは難しい。(A) の last は音わな、(B) は売上や販売などに関係がありそうな campaign（キャンペーン）が連想わなとなっている。

....

189

22. (C)　　　　　　　　　　　　　　　　　　　　【TR_CT_Set4_22】

🇨🇦 Did Mr. Sparks mention what time he'd be back from Philadelphia? **YN**

Sparks さんは Philadelphia から何時に戻るか言っていましたか？

🇺🇸 (A) It's due tomorrow. **連**　　　　　(A) 明日が締め切りです。
　　(B) That's what he meant. **音 連**　　(B) それが彼の意図です。
　　(C) He texted me. **忘 捻**　　　　　(C) 彼からメッセージが来ました。

語注　due: 期限で　text: ～に携帯メール（メッセージ）を送る

解説　間接疑問文で「何時に戻るか言っていたか」と尋ねている。それに対して「メッセージが来た」と伝えている (C) ならば話がかみ合っている。距離のある応答で難しい問題。(A) は It が指すものが不明。tomorrow は what time の連想わなだ。(B) も That's に当たる内容が設問にないので不可。meant は「～を意図する」という意味の動詞 mean の過去形で、mention の音わなでもあり連想わなにもなっている。

. . . .

23. (A)　　　　　　　　　　　　　　　　　　　　【TR_CT_Set4_23】

🇦🇺 The city said that it couldn't fund the skateboarding contest. **平叙**

市はスケートボードコンテストに資金を出せないと言っています。

🇨🇦 (A) Can we look for a private sponsor? **捻 BA**　(A) 民間の出資者を見つけられるでしょうか？
　　(B) It's easy to find. **音 連**　　　　　　　　(B) 見つけるのは簡単です。
　　(C) They practice over there. **連**　　　　　　(C) 彼らはあそこで練習します。

語注　fund: ～に資金を提供する　private: 民間の、私的な　sponsor: 出資者、スポンサー

解説　「市はコンテストに資金を出せない」という問題を伝える平叙文に対して、解決策を提示している (A) が正解。(B) の find は fund の音わなで、さらに (A) の look for の類義語でもあるので連想わなにもなっている。(C) はスケートボードに関係がありそうな気がしてしまう連想わな。

. . . .

24. (B) 　　　　　　　　　　　　　　　　　　　　　　　　【TR_CT_Set4_24】

🏴 Do you think we'll get the cleaning contract for Bishop Hospital? **YN**

Bishop 病院の清掃契約は取れると思いますか？

🍁 (A) I've just finished the floors. **連** 　　(A) 床を終えたところです。
　 (B) It'll be close. **忘 捻 BA** 　　　　　(B) 接戦になるでしょう。
　 (C) It's in Winchester. **連** 　　　　　(C) Winchester にあります。

語注 contract: 契約（書）

解説 「契約が取れると思うか」と問われ、「（他社と）接戦になるだろう」と答えている (B) が自然な応答。close には「（勝敗などが）僅差の、際どい」という意味がある。契約を巡って他社との競争があるという前提の会話だが、設問文からそれを推測することはできないため、かなり捻った応答だ。設問文が長く、Do you think 以降を聞き取れたかが鍵になる。(A) の floor（床）は cleaning（清掃）の連想わな。(C) は Bishop Hospital の場所を聞かれたと勘違いした人を引っ掛ける連想わなだ。

···

25. (A) 　　　　　　　　　　　　　　　　　　　　　　　　【TR_CT_Set4_25】

🇦🇺 Has Jennifer submitted a receipt for the appliances she purchased? **YN**

Jennifer は購入した電化製品の領収書を提出しましたか？

🇺🇸 (A) I'll remind her. **難 捻 BA** 　　　　(A) 彼女にリマインドします。
　 (B) You can sit anywhere. **音** 　　　　(B) どこに座ってもいいですよ。
　 (C) A small oven. **連** 　　　　　　　(C) 小さなオーブンです。

語注 submit: ～を提出する　receipt: レシート、領収書　appliance: 電化製品
purchase: ～を購入する

解説 「Jennifer は領収書を提出したか」という問いに、「リマインドする」と述べて、提出していないことを示唆している (A) が適切な応答だ。設問の前半が聞き取れれば、消去法で正解は選べるはず。設問の receipt の第 2 音節だけをとらえて seat だと思った人は、(B) の sit に引っ掛かったかもしれない。(C) の oven（オーブン）は appliances の一種で連想わなになっている。

···

TOEIC® L&Rテスト
Part 2
リスニング解体新書

発行日：2023 年 4 月 19 日（初版）

著者：勝山庸子
編集：株式会社アルク出版編集部
英文作成：勝山庸子、Ross Tulloch
コラム執筆：ヒロ前田
校正：Peter Branscombe、渡邉真理子
カバーデザイン：戸倉 巌（有限会社トサカデザイン）
本文デザイン・DTP：有限会社トライアングル
イラスト：ツルヤカズヒロ
ナレーション：Andrée Dufleit、Greg Irwin、Chris Koprowski、
Nadia McKechnie、Carolyn Miller、Stuart O、菊地信子
音声収録・編集：一般財団法人 英語教育協議会（ELEC）
印刷・製本：萩原印刷株式会社

発行者：天野智之
発行所：株式会社アルク
〒102-0073　東京都千代田区九段北 4-2-6 市ヶ谷ビル
Website: https://www.alc.co.jp/

地球人ネットワークを創る

アルクのシンボル
「地球人マーク」です。